글누림 문화콘텐츠 총서 20 | 문화콘텐츠의 지역기반 연구

저자 소개

최예정 호서대학교 인문대학 영어영문학과 교수
문옥배 대전문화재단 사무처장
류준호 서울산업대학교 겸임교수
김정란 대전문화예술의 전당 홍보담당
김진경 한국아동국악교육협회 교육팀장
박영숙 상명대학교 · 선문대학교 출강
이현아 청주 시립국악단원
최경선 아라예술원 기획팀장
최성자 충주대학교 · 호서대학교 출강

글누림 문화콘텐츠 총서 20

문화콘텐츠의 지역기반 연구

초판 인쇄 2010년 10월 21일
초판 발행 2010년 10월 30일
지은이 최예정 외 8인
펴낸이 최종숙
편집 박윤정 이태곤 임애정
펴낸곳 글누림출판사
디자인 안혜진
마케팅 문택주
주소 서울 서초구 반포4동 577-25 문창빌딩 2층
전화 02-3409-2055
팩시밀리 02-3409-2059
등록 2005년 10월 5일 제303-2005-000038호
전자우편 nurim3888@hanmail.net
값 14,000원
ISBN 978-89-6327-090-6 93330

글누림 문화콘텐츠 총서 20

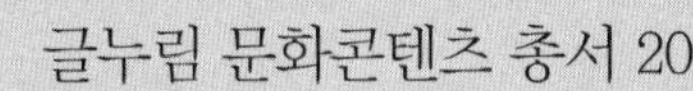

문화콘텐츠의 지역기반 연구

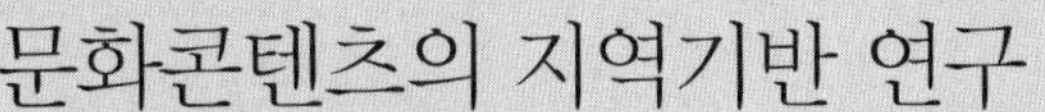

최예정 · 문옥배 · 류준호 · 김정란 · 김진경 · 박영숙 · 이현아 · 최경선 · 최성자 저

글누림

글누림 문화콘텐츠 총서 발간에 부쳐

호서대학교 문화콘텐츠 연구 역량이 결집된 글누림 문화콘텐츠 총서 발간을 진심으로 축하합니다.

지금 우리 주변에는 창의적이고 도전적인 선구자들이 새로운 학문을 개척하는 모습을 많이 볼 수 있습니다. 특히 환경이 악화되고, 사회가 복잡해지면서 인류의 정체성 문제가 새로운 물음으로 대두되고 있습니다. 이제 인류의 미래와 번영에 대한 문제는 단순히 미래학자들의 몽상 속에서 등장하는 물음이 아니라 인류의 생존을 가늠하는 현실적인 문제가 되었습니다. 이런 중에 문화에 대한 탐구는 21세기 학문의 가장 빛나는 중심이 될 것이라고 믿어 의심치 않습니다.

이번에 발간되는 2차 글누림 문화콘텐츠 총서는 이와 같은 학문 내·외적 물음에 대하여 우리 대학 연구자들이 마련한 성실한 답변서라고 할 수 있습니다. 이 총서가 우리 대학을 세계적인 명문대학으로 성장시킬 'World Class 2030 Project'의 한 부분이 될 것을 기대합니다.

지난 1차 글누림 문화콘텐츠 총서에 이어 미개척의 학문 분야인 문화콘텐츠 분야에 대한 도전적이고 창의적인 정신을 실현한 우리 대학의 문화콘텐츠 총서 기획단, 집필진 여러분의 노고와 결실에 다시 한번 경의를 표합니다.

호서대학교 총장 강 일 구

EDITOR'S NOTE

    문화가 21세기를 이끌 새로운 분야로서 등장하기 시작한 것은 얼마 되지 않았는데, 지금은 학문의 중심 테마로 자리 잡아가고 있다. 산업 분야에서는 21세기의 새로운 지식 산업으로서 문화 산업이 이제는 당당한 한 자리를 차지하고 눈부시게 성장하고 있는 것을 확인할 수 있다.

    이러한 현상은 근대 학문 체계에 대한 회의와 맞물려 있는데, 이 점도 주목해야 할 것이다. 이미 20세기 후반기부터 각 분과 학문의 학문 분류 체계에 대해 회의하기 시작했고, 한편으로는 개별 학문을 넘어선 통합 학문을 지향하거나, 학문 간 연계를 강화한 이른바 학제 간 학문이 강조되었으며, 다른 한편으로는 학문의 근본 요소에 대한 성찰도 강화되었다.

    이러한 경향은 학문의 정체성 찾기와 학문의 보편성, 그리고 학문 제도에 대한 근본적 반성과 새로운 학문 제도의 형성이라는 다소 상반되고 혼란스러운 현상으로 나타나고 있다. 이것은 그 동안의 각 분과 학문이 개별적이고 고립된 대상에 대한 연구였다는 고백과 반성으로 요약할 수 있다.

    여러 학문 중에서 특히 인문학은 인간과 인류에 대한 탐구라는 점에서 이와 같은 새로운 학문적 경향을 선도하는 역할을 해야 한다. 그러기 위해서 인문학은 개인, 고립된 주체에 대한 탐구를 지양해야 한다.

    흔히 인간은 생각하는 동물이라고 한다. 인간은 생각하는 능력 때문에 동물과 다른 변별적인 특성을 갖는다는 말이다. 이와 같이 인류라는 한 집단이 다른 동물종들의 집단과 구별되는 변별적인 특징들도 찾아 볼 수 있을 것인데, 그 여러 가지 중에서 문화는 가장 중요한 변별적 특질이라고 할 수 있다. 인류는 다른 군집과는 다른 그들만의 독특한 문화를 만들어낼 수 있다. 인류를 인류로서 구별하게 하는 이 문화가, 인류의 사고하는 능력에 못지않게 중요한 인문학의 테마로 부각되는 이유가 거기에 있다.

우리 대학은 기독교 정신과 벤처 정신으로 성장하는 학교이다. 기독교 정신은 나와 하나님, 인류를 사랑하는 정신이다. 벤처 정신은 창의적인 도전이고 한 걸음 더 나아가는 모험의 정신이다. 우리 대학은 이러한 정신을 산학 연계와 교육에서 실현하고자 애썼고, 어느 분야에서는 일정한 정도의 그 선도적 의의를 인정받고 있다. 이제는 이러한 역량이 학문 분야에서도 실현되어 학문을 선도할 때가 되었다. 문화의 탐구, 문화콘텐츠의 생산이 바로 그것이다.

이미 1차 총서에서 천명한 바와 같이 이 총서는 '교양 있는 일반인'을 위한 '문화콘텐츠'의 학술적 동향을 안내하는 것이 그 목적이다. 쉽고 간결한 문체를 선택하고, 그림과 도표로써 이해를 돕도록 하며, 설명을 위한 최소한의 주석만 넣는 등의 편집 지침은 이전과 동일하다. 선정이 까다롭고 지원이 크지 않았음에도 불구하고 연구 성과가 풍성했다. 향후 3차 총서에서도 21세기 학문을 반성하는 문화학의 테마와 그의 산학적 실천이라는 문화콘텐츠 생성에 보다 의미 있는 저작이 풍성하게 결실하기를 희망한다.

호서대학교 한국어문화학부 김성룡

　글누림 문화콘텐츠 총서가 발간된 지 어언 5년이 흘렀다. 그리고 <문화콘텐츠의 지역기반 연구>라는 이 책이 기획된 지도 벌써 3년이 흘렀다. 그동안 너무나 많은 것이 변했다. 처음에는 그토록 생경하게 들리던 문화콘텐츠라는 용어가 이제는 많이 익숙해졌다. 인터넷의 등장만으로 흥분하던 때가 엊그제 같은데 어느덧 넷북, 아이팟, 아이폰, 아이패드 등, 내일을 예측하기 어렵도록 날마다 새로운 매체의 등장이 예고되는 실정이다. 이러한 변화는 단순히 하드웨어의 발전, 혹은 대치를 넘어서 소위 하드웨어, 소프트웨어, 콘텐츠로 대별되던 분류의 경계가 모호해지는 양상을 띠고 있다. 현재는 애플사의 주도하에 이루어지는 것처럼 보이는 이러한 새로운 변화는 다시금 한국의 콘텐츠 산업의 현주소를 되돌아보게 만든다. 즉 애초부터 디지털 기술 중심으로 시작되었기에 하드웨어를 지지하기 위한 주변 산업정도의 위상만을 유지하던 한국의 콘텐츠 산업은 완전히 새로운 패러다임으로 변화하도록 강요받고 있는 셈이다.

　그런데 하드웨어를 채우기 위한 콘텐츠가 아니라 콘텐츠가 결국 하드웨어의 가치를 바꾸어놓는다는 이러한 새로운 패러다임의 등장을 자세히 들여다보면, 사실상 콘텐츠의 생산자와 소비자가 구분되지 않는다는 프로슈머(prosumer) 개념이 심화되고 확대된 것임을 알 수 있다. 콘텐츠를 즐겁게 향유하는 계층이 새로운 콘텐츠의 필요성을 자각하고 스스로 만들면 그것이 또다시 새로운 향유계층을 창출하면서 콘텐츠에 접속하는 사람을 증가시킬 뿐아니라 새로운 접속 양식과 모델을 끝없이 만들어가는 것이 콘텐츠 중심의 패러다임의 핵심이라고 할 수 있기 때문이다.

그런 의미에서 이 책은 한국의 문화산업에 대해 근본적인 물음을 던지고 있다고 할 수 있다. 이 책은 문화 산업을 발전시키려면 각 지역에서는 어떠한 인프라스트럭처를 구축해야 할 것인가하는 질문을 던지고 있기 때문이다. 엄밀히 말하자면 이것은 전혀 새로운 질문이 아니다. 오히려 이전에도 반복적으로 지적되던 해묵은 문제라고도 말할 수 있다. 이 책이 참신성을 지니고 있다면 그것은 다음의 두 가지 부분이다. 첫째는 공연장, 공연단체, 문화교육기관, 도시의 시설 및 축제 등 종전에는 산발적으로 혹은 분과적으로 취급되던 것들을, 문화콘텐츠의 발전을 이루기 위한 기반산업 다시 말해서 인프라스트럭처라는 관점에서 종합적으로 접근한다는 점이다. 둘째는 이러한 기반 산업에 대한 검토와 비판적 제언을 시도하되 그것을 서울이 아닌 지방 도시의 구체적인 현장을 분석 대상으로 삼았다는 점이다. 이와 같이 지방을 분석대상으로 삼은 것은, 문화콘텐츠가 발전하기 위해서는 문화의 생산과 소비가 함께 성장하면서 저변이 확대되는 것이 질적 발전을 이룰 수 있는 가장 확실한 방법이라는 인식 이 있었기 때문이다. 그리고 이러한 저변확대를 위해서는 서울 중심의 문화 산업이 각 지역 사회에서 뿌리를 내릴 수 있는 방안을 찾아야 한다는 것이 이 책을 기획하게 만든 근본적인 고민이었다.

이 책은 그간 호서대학교 여성문화복지대학원 문화콘텐츠학과의 대학원생들이 썼던 논문을 기반으로 하고 있다. 이 과의 대학원생들은 서울이 아닌 충청남도, 충청북도, 그리고

대전 지역을 활동기반으로 삼고 있는 사람들로 이루어져 있으며 따라서 자신이 속한 지역 사회의 문화 산업의 발전을 위한 고민은 자연스런 일이라고 할 수 있다. 문화 콘텐츠와 문화 산업, 문화 경영 등을 공부하고 석사 논문을 쓰면서 이들의 이러한 고민은 자신이 속한 지역과 자신이 종사하는 분야에 대한 비판적 시각과 발전을 위한 모색으로 이어졌고 이러한 고민과 연구의 소산이 바로 이 책이라고 할 수 있다.

자신의 소중한 논문들을 기꺼이 내어준 졸업생들, 이들의 논문을 마치 자신의 논문인양 헌신적으로 지도해주시고 다시 이 책을 위해 개정하고 편집해주신 문옥배(현 대전 문화재단 사무처장), 류준호(서울산업대 겸임교수)선생님께 이루 말로 표현할 수 없는 감사를 드린다.[1] 계속 지체되는 일정에도 불구하고 깔끔하게 편집해주시고 격려해주신 글누림 출판사

---

1 참고로 이 책의 기반이 된 석사논문들의 제목과 필자는 다음과 같다.
　국내 공립 공연장과 퀸즈랜드 공연장의 운영사례 비교– 최성자(국공립 공연장의 성공적인 운영사례연구)
　시립 공연단체 운영 현황–김정란(시립 공연단체 운영 활성화방안 연구)
　문화 콘텐츠 생산자 육성을 위한 청소년 교육– 김진경(청소년 문화 교육 프로그램의 발전 방안에 관한 연구)
　천안시의 음악 공연 단체–최경선(지방도시 음악공연문화 기반활성화 방안 연구)
　문화콘텐츠와 문화마케팅– 박영숙(문화마케팅을 통한 소규모 점포 활성화방안 연구)
　청주 직지문화거리–이현아(청주 직지문화거리의 조성방안에 관한 연구)

　다음 장들은 각각 다음의 필자가 집필하였다.
　문화 콘텐츠와 문화 인프라스트럭처–최예정
　공립 공연장의 운영 정책과 지역 음악 사회–문옥배
　지역 축제–류준호

　그리고 2장, 3장은 문옥배가, 4장, 5장은 류준호가 책임지고 수정, 보강, 편집하였으며 최예정은 전체 책을 책임 편집하였다.

의 권분옥 선생님, 이태곤 선생님 그리고 사장님께도 다시금 머리숙여 감사드린다. 엄청 까탈스런 교수의 요구에 맞추어 끝없이 논문을 고쳐야 했던, 그리고 논문을 마치고나서 각계에서 활발하게 활동중인 졸업생들에게 이 책을 바친다. 아무쪼록 이 책이 한국의 문화콘텐츠와 문화 산업의 발전을 위해 요긴한 초석이 되기를 바랄 뿐이다.

저자들을 대표하여 최예정

CONTENTS

3. 공연문화콘텐츠 생산 단체 • 98

문화콘텐츠의 지역기반 연구

1. 문화콘텐츠와 문화인프라스트럭처

(1) 문화콘텐츠란 단어의 기원

최근 한국의 문화산업계에서 가장 화두가 되는 단어 중 하나는 바로 문화콘텐츠일 것이다. 그런데 이 문화콘텐츠가 과연 무엇을 뜻하는가 하는 문제에 대해서는 의견이 분분하다. 여러 사람들이 이 단어를 사용하지만 그때마다 함의하는 바가 정확히 일치하지 않는 경우가 많기 때문이다. 언론이나 학계에서, 그리고 정부나 문화산업의 현장에서 그렇게 많이 사용되면서도 이처럼 그 정의가 분명치 않은 단어를 찾기도 쉽지 않을 것이다. 어떤 사람들은 이 단어를 온라인상에서 통용되고 배포되는 모든 내용물을 뜻하는 의미로 사용하기도 하고, 어떤 사람들은 문화산업 전반에서 생산되고 소비되는 문화상품을 모두 포괄하는 의미로 사용하기도 한다.

사실상 문화콘텐츠란 단어가 어떻게 해서 쓰이게 되었는가를 따져보게 되면 그 근원은 다소 복잡하다. 우선 미국에서 디지털 콘텐트(digital content), 혹은 모바일 콘텐트(mobile content)라는 용어가 사용되기 시작했다. 이것은 인터넷이 보편화되고 모바일 기기가 발달하면서 온라인상에서 통용되거나 모바일 기기에 탑재되는 내용물을 지칭하는 단어였다. 그런데 어찌된 일인지 한국에 이 단어들이 도입되면서 콘텐트는 콘텐츠로 교체되었고, 그러면서 디지털 콘텐츠 혹은 모바일 콘텐츠라는 단어가 널리 쓰이게 되었다. 그리고 이렇게 한국어의 일부로 통용되기 시작한 외래 신종어 '~콘텐츠'라는 단어가 문화산업의 현장에 적용되면서 '문화콘텐츠'라는 새로운 단어가 생겨난 것으로 보인다.

이러한 현상을 가장 표본적으로 보여주는 예는 한국문화콘텐츠진흥원의 영어 표기이다. 한국문화콘텐츠진흥원 홈페이지의 기관 소개에서도 자랑스럽게 밝히고 있듯이 한국문화콘텐츠

진흥원은 한국에 문화콘텐츠라는 단어가 널리 사용되게 하는 데 상당한 역할을 한 대표적인 정부산하기관단체이다. 그런데 재미있게도 이 기관의 영어명은 KOCCA(Korea Culture and Content Agency)이다. 문화콘텐츠라는 단어를 '문화와 내용물'(culture and content)이라고 표기하고 있는 것이다. 애초에 영어에는 문화콘텐츠라는 단어가 없다는 것을 의식하면서도 한국에서 익숙해진 '~콘텐츠'라는 단어를 문화와 결합시켰음을 의식했다는 것을 알 수 있다.

많은 사람들이 알고 있듯이 사실 외국에서는 문화콘텐츠라는 단어를 사용하지 않는다. 보통 한국인들이 문화콘텐츠를 영어로 번역할 때 사용하는 cultural contents라는 단어를 영어권에서 사용되는 예를 찾기는 쉽지 않다. 콘텐츠라는 복수형 대신 단수형을 사용한 cultural content라는 용어는 한국에서와는 매우 다른 의미로 사용되어, 어떤 글이나 영화, 드라마 등에 들어 있는 문화적인 내용, 예를 들자면 각국의 문화의 차이나 특성을 설명하는 내용 등을 뜻할 때 사용된다. 말하자면, 어떤 글이나 드라마의 내용물, 혹은 그 주제가 경제적, 정치적, 사회적인 내용이 아니고 문화적이라는 의미로 사용되는 용어인 것이다.

이와 같이 문화콘텐츠라는 단어의 용례에 대해 장황하게 늘어놓는 이유는 이러한 단어의 사용 자체가 매우 한국적인 독특한 현상이고 이 단어 자체가 문화를 바라보는 한국 정부 혹은 한국인의 시각을 보여준다는 점 때문이다.

(2) 문화 산업, 문화기술, 문화콘텐츠

외국에서도 유례를 찾을 수 없는 단어를 만들면서까지 한국에서 갑자기 문화콘텐츠라는 단어가 널리 쓰이게 된 이유는 무엇일까? 그것은 문화가 산업이 될 수 있다는 인식과 떨어져서는 생각할 수 없다. 사실 문화가 산업이 될 수 있다는 것은 한국에서는 매우 새롭고 혁신적이기까지 한 생각이었다. 문화, 예술은 먹고 살기 급급했던 한국의 현실에서는 매우 사치스런 것으로 생각되었고, 패션이나 디자인을 국민들의 사치를 조장하는 망국적인 것으로 취급하는 것이 바로 얼마 전까지의 한국적 정서였기 때문이다. 그러던 한국 정부는 1999년 문화산업진흥기본법을 제정했는데 이것은 사실상 한국인 혹은 한국 정부에게는 거의 혁명적인 발상의 전환이었다고도 말할 수 있다.

문화산업진흥기본법은 "문화산업의 지원 및 육성에 필요한 사항을 정해 문화산업발전의 기반을 조성하고 경쟁력을 강화함으로써 국민의 문화적 삶의 질 향상과 국민경제 발전에 이바지하고자" 만든 법률인데 1999년 2월 8일 법률 제5927호로 제정되었다가, 2002년 1월 26일 법률 제6635호로 전문 개정되었다. 그 뒤 2006년 9월 27일 법률 제8014호까지 모두 8차 개정되었다.

이 법에서 '문화산업'이라 함은 문화상품의 기획·개발·제작·생산·유통·소비 등과 이에 관련된 서비스를 행하는 산업을 말하는데 이때 문화상품의 범위는 매우 포괄적이다. 영화, 음반·비디오물·게임물, 출판·인쇄물·정기간행물, 방송영상물, 문화재와 같은 전통적인 의미의 문화 상품은 물론이요, 2002년 개정안에는 디지털문화콘텐츠·멀티미디어문화콘텐츠 등의 개념이 추가되어, 위에서 말한 모든 문화상품은 물론 만화·캐릭터·애니메이션·에듀테인먼트·모바일문화콘텐츠·디자인·광고·공연·미술품·공예품을 모두 포함하는 매우 포괄적인 개념으로 문화산업은 정의된다. 그리고 문화산업의 범위에는 이러한 모든 문화 상품의 제작과 이에 관련된 모든 서비스를 포괄된다.

2002년 디지털 문화콘텐츠, 멀티미디어 문화콘텐츠 등이 문화 산업의 범위 안에 포함된 것은 우연한 일이 아니다. 2002년은 온라인디지털콘텐츠산업발전법이 제정된 해이기도 하다. 온라인디지털콘텐츠산업발전법은 온라인디지털콘텐츠산업의 기반을 조성하고 그 경쟁력을 강화하여 국민생활의 향상과 국민경제의 건전한 발전에 이바지함을 목적으로 한다고 스스로를 규정하고 있는데 이 법에서 '온라인디지털콘텐츠산업'이라 함은 온라인디지털콘텐츠를 수집·가공·제작·저장·검색·송신 등과 관련된 서비스를 행하는 산업을 말한다.

2002년에 문화산업진흥기본법이 개정되고 온라인디지털콘텐츠산업발전법이 제정되었다는 것은 상징적 의미를 갖고 있다. 다시 말하면 문화체육관광부와 정보통신부라는 성격이 매우 다른 두 부처가 함께 접근해야 할 공통의 영역이 생기게 되었고, 그 영역에 대해 각 부서와 법률은 약간씩 다른 명칭을 사용하고 있기는 하지만, 결국에는 디지털 기술을 통해 만들고 담아내야 할 어떤 콘텐츠를 발전시켜나가야 한다는 법률을 제정하게 되었던 것이다.

이와 같이 2002년에 디지털 콘텐츠, 문화콘텐츠 등에 대해 새로운 관심을 표명하는 법률들이 탄생하게 된 배경에는 일관된 흐름을 보이는 여러 사건들이 있다. 우선 2001년 8월 17일 국민경제자문회의는 차세대 성장산업 중 하나로 문화기술(Culture Technology)을 채택했다. 이것은 실로 의미있는 일이었다. 왜냐하면 문화와 기술이라는, 물과 기름처럼 여겨지는 두 개의

상이한 분야가 하나의 접점을 찾는 것처럼 보이기 때문이다. 더욱이 이 문화기술이라는 것이 다음 세대의 한국을 먹여 살릴 기술로 채택되었다는 것은 문화기술의 잠재적 가능성이 무궁무진함을 인정하고 공표하는 일이었기 때문이다.

물론 이와 같이 문화기술을 차세대 성장산업 중 하나로 채택한 이유는 문화 자체에 대한 믿음 때문이었다기보다는 기술에 대한 믿음 때문이라고 해도 무방하다. 한국은 이제까지 차세대 성장산업을 거론할 때마다 '기술'에 대한 무한한 신봉을 표명해왔으며 문화기술을 채택한 것도 한국이 나름대로 앞서간다고 자부하던 정보통신 기술에 문화가 결합될 수 있다는 점 때문이었다. 즉 디지털 기술과 문화 혹은 예술이 결합될 수 있다는 가능성을 인식하게 되었기 때문이다. 2001년 차세대 성장산업으로 문화기술과 더불어 채택된 다른 산업 분야가 정보기술(Information Technology), 바이오 기술(Bio Technology), 나노 기술(Nano Technology), 우주기술(Space Technology), 그리고 환경 기술(Environmental Technology)이었음을 고려한다면, 문화기술 또한 매우 공학적인 개념이리라는 점을 짐작할 수 있다. 결국 흔히 CT라고 부르는 문화기술이란, 소위 문화, 혹은 예술이라고 정의되던 것들을 경제적으로 더욱 효율적이고 더 높은 부가가치를 생산해 낼 수 있도록 만드는 디지털 환경을 기반으로 한 기술이라고 말할 수 있을 것이다. 이러한 정의를 가지고 상정한 문화산업의 범위는 매우 좁은 것이었다.

이 당시 문화산업에 대한 인식과 기대가 매우 협소했음을 잘 보여주는 하나의 좋은 예가 같은 해 2001년 8월 22일 설립된 한국문화콘텐츠진흥원이다. 한국문화콘텐츠진흥원은 문화산업의 진흥·발전을 효율적으로 지원하기 위해 문화산업진흥기본법 제31조에 의거하여 설립된 공공기관이다. 한국문화콘텐츠진흥원은 문화콘텐츠산업 육성을 위한 종합 지원 체제를 구축하여 세계 5대 문화콘텐츠 생산국으로 진입하고 문화콘텐츠 수출의 산업화를 통해 창의적 문화콘텐츠 강국을 실현하는 것이 그 목표임을 천명하고 있다.

그런데 한국문화콘텐츠 진흥원의 업무 내용과 조직을 살펴보면 이들이 상정하는 문화콘텐츠가 무엇인지가 잘 드러난다. 한국문화콘텐츠 진흥원은 자신들의 업무가 ① 문화산업 육성을 위한 정책의 수립·개발, ② 문화콘텐츠 창작기반 구축 및 저변확대, ③ 문화콘텐츠의 해외수출 및 마케팅 지원, ④ 문화산업 전문 인력 양성, ⑤ 문화콘텐츠 관련 기술개발, ⑥ 지역 문화산업 육성 지원, ⑦ 문화산업 및 관련 사업에 대한 투융자 등이라고 밝히고 있다.

또한 그 조직은 전략기획본부(기획혁신팀·정책개발팀·기금운용팀·콘텐츠유통팀), 인력기술본부(인력양성팀·문화원형사업팀·CT전략팀·CT개발팀), 산업진흥본부(수출지원팀·만화애니캐릭터팀·음악산업팀·디지털콘텐츠팀), 콘텐츠개발본부(문화원형사업팀·정책개발팀·콘텐츠기술팀), 경영지원팀, 4개 해외사무소(중국·일본·미국·유럽)로 이루어져 있다.

이러한 업무 분장과 조직은 문화산업과 문화콘텐츠가 별다른 개념적 구분 없이 혼용되고 있다는 점과 디지털 기술에 의해 제작된 문화상품을 문화콘텐츠로 부르고 있다는 점을 보여준다. 즉 문화산업진흥기본법에서는 문화산업을 영화, 음반, 비디오, 게임, 출판, 인쇄, 방송, 영상, 문화재, 만화, 캐릭터, 애니메이션 등 매우 다양한 분야로 규정하는 데 비해서 한국문화콘텐츠진흥원에서 뜻하는 문화산업은 디지털 기술에 기반한 문화상품의 기획, 제작, 마케팅, 유통으로 제한되어 있으며 이러한 문화 상품만을 문화콘텐츠로 부르고 있다는 것이다.

특히 한국문화콘텐츠진흥원이 발족한 이래 중점적으로 추진해왔던 문화원형 사업이나, 2003년 한국학중앙연구원에서 기획하여 2004년부터 진행해오고 있는 한국향토문화전자대전

사업은 한국에서의 문화콘텐츠 개념의 정립과 확산에 매우 중요한 역할을 했다. 한국문화콘텐츠진흥원의 문화원형사업은 문화산업진흥기본법 제31조 4항 8호와 10호에서 그 근거를 찾을 수 있다. 즉 "국립박물관·공립박물관·국립미술관·공립미술관에서 구축한 문화유산 데이터베이스 등 문화원형 자료에 대한 저작권 사용료 등 제반 권리의 위탁·관리"와 "민속·설화 등 문화원형의 데이터베이스 구축"을 위해 한국적 정체성, 나아가 고유성을 가진 문화에 대한 원천 자료를 발굴하여 문화콘텐츠 창작자가 가공, 변형할 수 있도록 원천 자료를 디지털 콘텐츠로 제작하려는 사업이다(배영동, 46-48). 한국향토문화전자대전 사업 역시 유사한 목적을 갖고 있다. 이 사업은 전국 232개 시, 군, 구 지역의 다양한 향토문화자료들을 발굴, 수집하여 디지털 콘텐츠로 만들려는 사업으로서 지역문화에 대한 총체적인 정보를 제공하어 지역 균형 발전과 지역경제 활성화에 기여하려는 사업이다(김영순, 132).

이러한 거대한 국책 사업들은 한국 고유의 문화유산을 디지털 콘텐츠로 변환시킨 것이 곧 한국의 문화콘텐츠라는 인상을 만드는 데 크게 기여했다. 따라서 영화, 음반, 비디오, 게임, 출판, 인쇄, 방송, 영상, 문화재, 만화, 캐릭터, 애니메이션 등 한국에는 다양한 문화콘텐츠 산업에 있음에도 불구하고, '문화콘텐츠'하면 그동안 먼지를 뒤집어쓰고 있던 한국적 전통 유산을 첨단 기술의 옷을 입혀 상품성 있게 포장할 수 있는 재료로 잘 다듬어 놓은 것이라는 이미지가 떠오르는 것은 정부가 주도한 이러한 국책사업에 힘입은 바가 크다.

(3) 문화콘텐츠의 새로운 정의

현재 한국에서 사용되는 문화콘텐츠의 의미가 혼란스러운 데에는 몇 가지 이유가 있다. 우선 만약 문화콘텐츠를 디지털 기술에 기반을 둔 문화상품으로 정의한다면, 현재의 문화산업 전 분야에서 디지털 기술에 의지하지 않는 것이 거의 없다는 점을 지적할 수 있다. 예를 들어 영화, 음반, 비디오, 게임, 출판, 방송, 애니메이션 등 몇 가지 예만 들더라도 디지털 기술이 없는 이들 산업 분야는 생각할 수 없을 뿐 아니라, 패션, 건축, 디자인, 문화재 보존과 복원 등 문화 전 분야에 걸쳐 디지털 기술은 이미 인체의 혈액처럼 곳곳에 침투해 있고 디지털 기술이 없는 문화 산업은 생각할 수도 없을 정도이다.

게다가 문화관광부가 발표한 '문화산업백서'에서도 밝히고 있듯이 콘텐츠란 부호, 문자, 음성, 음향, 및 영상 등의 자료 또는 정보로서 미디어 혹은 디지털 기술에 의해서 유통될 수 있는 것을 뜻한다. 그렇다면 문화 콘텐츠란 문화적 요소가 들어간 콘텐츠라고 해석할 수 있을 터인데 이렇게 되면 공연과 축제, 출판과 교육을 포함하여 문화 산업을 구성하는 모든 것을 뜻하도록 의미가 완전히 확장되어 버린다.

문화콘텐츠에 대한 이와 같은 확장된 해석은 사실상 거의 보편적으로 적용되고 있는 실정이다. 문화콘텐츠를 다루는 많은 책이나 논문에서 방송, 음악, 영화, 애니메이션 등 디지털 기술에 상당한 정도로 의지하고 있는 전통적인 의미의 문화콘텐츠뿐 아니라, 종전의 정의로는 포함시키기 어려웠던 광고, 테마파크, 축제, 이벤트 등까지도 문화콘텐츠로 다루고 있다. 어떻게 보면 문화콘텐츠라는 단어 속에 포함되지 않는 것이 무엇인지를 생각하기가 더 어려울 정도이다.

이렇게 되고 보니 한국에서 사용되는 문화콘텐츠라는 용어를 외국인에게 설명하기가 쉬운 일이 아니게 되었다. 편의상 cultural contents라고 영어로 번역하기는 하지만, 앞서도 설명한 바와 같이 이 용어는 한국식의 신조어여서 외국인들에게는 우리 식의 정의가 무엇인지에 대한 친절한 설명을 덧붙여야만 한다. 문화콘텐츠를 종전처럼 방송, 음악, 영화, 애니메이션 게임 등으로 정의한다면 문화콘텐츠와 가장 손쉽게 조응하는 용어는 엔터테인먼트(entertainment)일 것이다. 그러나 현재처럼 출판, 공연, 광고, 축제, 게다가 교육용 멀티미디어콘텐츠, 에듀테인먼트 등을 모두 포함하는 것으로 정의하거나, 여기에 덧붙여서 현재 한국문화콘텐츠진흥원이나 한국학중앙연구원에서 진행하는 것과 같은 문화원형사업이나 한국향토문화전자대전사업까지를 포괄하는 것으로 정의한다면 엔터테인먼트라는 용어와는 맞지 않는다. 이럴 경우 더 잘 어울리는 것은 영국에서 정의하는 창의 산업(creative industry)이라는 용어일 것이다.

영국의 문화, 미디어, 체육부(Department for Culture, Media and Sport 이하 DCMS)는 창의 산업을 "개인의 창의성, 기예, 재능에 기원을 두고 있으며 지적 재산권의 생산과 활용을 통하여 부와 일자리를 창출할 잠재성을 지닌 산업"이라고 규정하고 몇 개의 창의적 분야를 적시한다. 2001년에는 DCMS는 광고, 건축, 예술과 고미술품 시장 및 복원, 수공업, 디자인, 디자이너 패션(한국에서 소위 명품이라고 부르는 종류에 해당하는 고급 패션을 뜻함), 영화와 비디오, 상호적 레저 소프트웨어, 음악, 공연 예술, 출판, 소프트웨어와 컴퓨터 서비스, TV와 라디오 의 14개 분야를 창작 산업의 분야들로 규정했다. 그런데 2006년에는 이것을 약간 수정하여 영화와 비디오는 영화, 비디오, 사진으로, 음악과 공연 예술은 음악, 시각 및 공연 예술로, 상호적 레저 소프트웨어는 소프트웨어와 컴퓨터 서비스와 합하여 소프트웨어, 컴퓨터 게임 그리고 전자 출판으로 수정하여 발표하였다. DCMS의 이러한 리스트는 상당한 파급효과를 지니고 있어서 많은 다른 국가들이 이 리스트를 차용하였고 창의 산업이라는 용어와 개념은 이후 유관 분야의 연구에 있어서 하나의 중요한 시금석 역할을 하게 되었다.

물론 DCMS의 이 리스트는 한계를 지니고 있다는 비판적 목소리가 큰 것도 사실이다. 우선 DCMS의 리스트는 영국의 고유한 문화적 맥락 하에 규정되었기 때문에 다른 나라에서 그대로 차용하기 어려운 것은 분명하다. 예를 들어 다른 나라에서는 크게 다루어지기 어려운 예술과 고미술품 시장 및 복원이 TV나 영화와 맞먹는 분야로 취급되고 있는 것은 전통 문화 유산이 매우 풍부하고 그에 대한 기록과 복원, 활용이 중요한 산업 자원인 영국적 현실에서만 설명이 가능하다. 또한 디자이너 패션이라는 분야는 흔히 한국에서 명품이라 부르는 것과 유사한 개념인데 한국에서는 명품이라 하여 부유층의 전유물, 혹은 된장녀들의 치장품 정도의 부정적 함의를 다분히 품고 있는 고급 패션을 뜻한다. 그런데 이것을 "개인의 창의성, 기예 재능에 기원을 두고 있으며 지적 재산권의 생산과 활용을 통하여 부와 일자리를 창출할 잠재성을 지닌 산업"인 창의 산업으로 분류한다는 것은 패션의 종주국으로서의 영국의 위치를 지켜가려는 영국인들의 자존심은 물론이요, 그것의 산업적 가치를 충분히 인식하고 있는 영국인들의 현실 인식과 따로 떼어 생각하기 어렵다.

그러나 DCMS의 리스트에 대한 더욱 근본적인 비판은 다른 곳에서 제기된다. 즉 비영리 사업과 영리 사업을 구분하지 않는다거나, 정부 장려금을 받는 산업과 그렇지 않은 산업을 동급에 놓고 있다거나, 복원, 재생 외에는 생산이 현실적으로 불가능한 고미술품 거래 관련 사업을 다른 '생산' 산업과 함께 취급한다는 것이다. 또한 대량 생산과 배포에 의존하는 영화, 비디오, 방송, 출판 등의 산업 분야와 수공예적 특성을 지니고 있거나 특정 장소와 시간에 근거하는 시각 및 공연 예술 등을 구분하지 않는다는 정도 비판을 받는다. 다시 말하여 DCMS의 리스트는 각각 독자적인 성격을 지닌 분야들을 한몫에 쓸어 담고 있다는 것이다.

게다가 DCMS의 리스트는 그토록 다양한 분야를 한꺼번에 몰아넣었다는 비난에도 불구하고, 우리가 흔히 창작의 모태가 된다고 할 수 있는 다른 분야들을 배제하고 있다. 즉 한 개인의 창의성에 기반을 둔 산업은 아닐지라도, 가령 문화탐방, 문화재, 박물관, 도서관 등, 한 국가 혹은 인류의 창의성과 기예, 및 재능에 기원을 둔 문화적 산물의 집적체들에 대한 관리 및 연구, 그리고 그것을 기반으로 한 산업적 이윤의 창출 등은 창의 산업 분야에 직접 해당되지 않는다.

그런데 DCMS의 창의 산업 정의에 대한 위와 같은 논의들은 무엇이 창의 산업이냐, 혹은 창의 산업을 어떻게 정의할 것인가, 혹은 창의 산업과 문화 산업의 경계는 무엇인가 하는 질문들로 이어진다. 사실 문화 산업이라는 용어는 아도르노(Theodor Adorno)와 호르크하이머(Max Horkheimer)가 처음 사용했던 용어였다. 이들은 대중문화가 규격화된 문화 상품을 생산하는 공장과 흡사하다고 말하면서, 고급문화에 위험스런 존재로서의 문화, 혹은 대중에게 손쉬운 쾌락을 제공하고 대량 생산되는 문화를 문화 산업이라 지칭했다. 애초에 문화산업이라는 용어는 대중문화에 대한 대단히 부정적인 시각을 그 출발점으로 하고 있었던 셈이다. 그런데 DCMS의 창의 산업 속에는 전통적인 의미에서 개인의 창의성을 중시하는 산업 분야 뿐 아니라 아도르노와 호르크하이머가 매우 부정적인 시각으로 바라보았던 대중문화 모두가 구분없이 포함되어 있다. 이것은 현대의 문화 산업에 대한 정의가 그만큼 빠르게 변했음을 보여주는 단적인 예라고도 말할 수 있다.

문화산업에 대한 최근의 정의는 일반적으로 수공예와 디자인 같은 전통적 의미의 예술 분야 관련 산업뿐 아니라 문헌, 음악, TV, 영화의 생산 혹은 출간 등을 주로 포함한다. 국가에 따라 건축, 시각예술, 공연예술, 스포츠, 광고, 문화 탐방 등을 포함시키기도 하는데, 이때 주된 기준은 개인이나 사회의 가치를 창출하는가, 원래의 내용물에 부가가치를 생성하는가 여부라 할 수 있다. 문화 산업에서 디지털 기술의 사용이 주요한 특징이 되는 것도 이러한 정의와 밀접한 관련이 있다. 즉 개인과 사회에 가치를 창출하는가, 혹은 부가가치를 생성하는가라는 문제에 있어서, 사용자가 곧 소비자 혹은 생산자의 역할을 동시에 해낼 수 있게 만드는 디지털 기술은 핵심적 매개체가 되는 경우가 많기 때문이다.

이것은 결국 문화산업의 내용물, 즉 문화콘텐츠의 장르 혹은 소재가 더 이상 중요한 변별적 기준이 되지 못한다는 것을 뜻하기도 한다. 출판, 시각예술, 공연 등과 같이 전통적인 의미의 문화적 산물이나, 광고, 컴퓨터 게임, 비디오와 같은 최신의 문화적 산물을 모두 아우를 수 있는 새로운 개념이 필요하게 되었고, 그 대안으로서 문화콘텐츠라는 단어가 통용된다고 볼 수 있을 것이다. 그리고 이 과정에서 종전에는 문화와는 거리가 있는 개념으로 생각되던 경제적 가치라는 개념이 내적으로 깊숙이 관여하게 되면서 종전의 문화 개념과는 본질적으로 다른 어떤 특질을 갖게 된 것이 문화콘텐츠라 할 수 있다. 부의 획득, 부가가치의 창출, 생산과 소비를 위한 유용한 원천재, 지적 재산권, 기획·생산과 배포 및 서비스, 사용자친화성 등 종전에 재화의 생산과 유통과 관련되었던 온갖 용어와 개념들이 고급문화, 대중문화, 수공예,

대량 생산, 현장 중심적 문화 현상, 온라인 문화 현상 등 카테고리에 상관없이 무차별하게 적용되는 상황이 도래한 것이다. 문화는 이제 더 이상 고상한 예술가들의 성역이 아니고, 원하건 원치 않건 투자와 이윤 창출의 순환 구조 안에 편입되게 된다.

(4) 문화인프라스트럭처로서의 지역기반

사회/경제 기반 시설, 조직의 하부구조 등을 뜻하는 인프라스트럭처는 본래 경제학 개념으로서 흔히 수도, 전기, 교통 통신망 등을 뜻한다. 문화와는 별 상관이 없어 보이던 인프라스트럭처는 문화가 문화산업으로, 예술과 학문이 문화콘텐츠로 탈바꿈하면서 문화에서도 매우 긴요하고 심지어는 핵심적인 개념으로까지 바뀌게 된다. 재화와 서비스의 효율적인 생산과 분배, 이윤 창출을 위해서 인프라스트럭처가 핵심적인 역할을 하는 것처럼 문화콘텐츠의 생산과 분배/배포, 그리고 이윤 창출을 위해서는 문화인프라스트럭처가 건실하게 구축되어야 할 것이기 때문이다.

실제 최근의 국책 사업이나 민간 연구소에서 시행하는 문화산업 관련 사업에서는 '기반 구축' 혹은 '활용', '활성화', '마케팅', '전략'이라는 용어가 단골로 사용된다. 문화가 배치, 재배치, 조종, 개발, 판촉의 대상임을 전제하는 이러한 용어들은 문화 전반에 대한 사회적 인식의 변화를 잘 보여준다. 실제로 늘 적자였고 또 그것을 당연시해왔던 클래식 음악계에서조차 '팔리는 클래식'이라는 캐치프레이즈를 내걸고 이윤 창출을 요구하는 것이 더 이상 낯설지 않게 된 것이 요즘의 현실이다.

  이러한 현상은 한편으로는 문화가 자본주의에 예속되었다는 신호라고 비관적으로 해석될 수도 있지만, 문화 혹은 고급문화는 대중에게는 너무 어렵다거나 혹은 대중은 향유할 수 없다는 이분법적 시각을 극복할 수 있는 신호로 긍정적으로 해석할 여지 또한 안고 있다. 고급문화의 가치와 세계관이 대중과 유리된다면 대중이 '계몽'될 가능성은 전무하며 고급문화 역시 곧 사멸할 수 있다는 점을 고려한다면, 문화가 자본주의의 노예가 되고 있다고 개탄만 하기보다는 오히려 문화를 선도하고 개혁할 긍정적 에너지를 찾아내며 문화산업의 창조적 원천을 찾아내는 것이 더 중요한 일일 것이기 때문이다.

  이런 의미에서 볼 때 문화 산업의 발전을 가능하게 할 문화인프라스트럭처를 규정하고 현황을 분석하며 개발 전략을 수립하는 것은 매우 중요한 일이라 할 수 있다. 앞에서도 살펴보았듯이 문화 산업의 분야가 매우 광범위하며 문화콘텐츠 역시 그 내용이 매우 다양하기 때문에 이러한 문화콘텐츠의 생산 및 유통, 그리고 가치 창출에 도움을 주는 문화인프라스트럭처 역시 다각도에서 규정할 수 있고 또 접근할 수 있을 것이다. 가장 손쉽게는 디지털 기술의 발달 및 보급, 문화콘텐츠의 창작과 발전의 보고라 할 수 있는 박물관과 도서관 그리고 이러한 공공기관들이 소유한 자료에 대한 디지털 자료화 등 기술과 자료의 확보를 논할 수 있을 것이다. 그러나 다른 한편으로 생각하면 위와 같은 것들은 이미 문화콘텐츠의 내용물이라 할 수 있으며 더 이상 인프라라고 부르기는 어려울 수도 있다. 이와 같이 콘텐츠와 인프라가 구분이 되지 않는 것은 소비자가 생산자가 되는, 다시 말하면 프로슈머를 만들어내는 디지털 기술의 독특한 특징에서 기인한다. 디지털 기술은 매개이면서 내용이 되고 생산과 소비의 구분이 더 이상 무의미한 세계를 만들어내기 때문이다.

따라서 디지털 시대의 문화콘텐츠 생산을 위한 문화인프라스트럭처는 종전의 인프라에 대한 개념과는 그 성격이 달라질 수밖에 없다. 즉 종전에 매체, 통신, 망이라고 불렀던 '흐름'(flow)과 관련된 것들이 더 이상 인프라가 아니라면, 거꾸로 이번에는 종전에 고정된 것, 기반이라고 불렸던 것들이 디지털 시대의 문화콘텐츠 생산을 위한 문화 인프라스트럭처가 된다는 것이다.

이 시점에서 우리는 종전의 문화기반시설이라고 불렀던 것들을 다시 한 번 돌아볼 필요를 느끼게 된다. 문화관광부에서는 문화기반시설이 국민들의 문화향수권과 문화복지의 바탕이 되는 시설이라고 보고 공공도서관, 박물관 및 미술관, 문예회관, 그리고 문화의 집 등을 4대 문화기반시설이라 규정한다(이원태, 2004: 3). 다분히 학문 중심적, 고급문화 중심적인 이러한 시설들은 문화의 생산과 향유를 위한 활동의 장이라는 점에서 문화산업의 기본적인 하드웨어라고도 말할 수 있다. 그러나 현장성, 일회성을 중심적 가치로 두는 문화 예술 분야를 위한 시설물이 완전히 배제되어 있다는 점에서 이러한 문화기반시설을 문화산업의 기반이라고 보기에는 너무나 부분적이다. 문화기반시설에는 음악, 연극, 무용, 영화를 위한 공연 공간을 필수적으로 포함해야 하며 이것은 문화 산업 발달을 위한 가장 기본적인 기반 시설 중 하나라고 할 수 있다. 그리고 이러한 시설물들의 운용 프로그램은 문화 산업 발달과 육성을 위한 소프트웨어인 동시에 하드웨어의 운용을 통한 결과물이라는 점에서, 새롭게 생성된 문화콘텐츠라 말할 수 있다. 그렇다면 이러한 운용을 가능하게 하고 더욱 효과적일 수 있도록 만들어주는 체계 및 교육, 그리고 그것의 전반적 기반이 되는 도시 공동체는 문화산업의 발달과 문화콘텐츠의 효과적인 생산 및 유통을 가능하게 하거나 촉진시키는 문화인프라스트럭처라 말할 수 있다. 그런 의미에서 문화인프라스트럭처는 공간, 특히 특정의 지역 공간을 전제한다.

본서는 디지털 기술, 사이버 공간에 경도되어 있는 문화산업이 균형 있게 성장하고, 디지털 콘텐츠로 변환시킬 수 있는 문화콘텐츠의 생산과 발달을 위해서는 지역에 기반을 둔 문화인프라스트럭처가 견고해져야 하며, 오프라인에서의 문화콘텐츠가 활성화되어야 한다는 인식 하에 출발하였다. 따라서 본고의 2장과 3장에서는 지역 사회에 기반을 둔 공연장과 공연 단체의 사례 분석을 통해, 일반 대중이 문화 대중으로 변모할 수 있는지 가능성을 탐구하고 전략을 강구해 볼 것이다. 해외의 공립 공연장과 지역의 공립 공연장의 비교, 시립 공연단체의 운영 현황 및 개발 전략 연구 등을 통해, 가장 보수적이라 알려진 클래식 음악 공연계가 어떻게 새로운 문화콘텐츠의 생산자로 바뀔 수 있는지 가능성을 탐구해 볼 것이다. 4장에서는 문화콘텐츠의 성장 기반을 다각적으로 탐구해 볼 것이다. 즉 학교 안과 밖의 교육 프로그램을 통한 문화콘텐츠 생산자 육성 방안, 순수 민간 단체의 문화콘텐츠 생산 현황, 그리고 문화콘텐츠를 마케팅에 활용함으로써 생활 속의 일부로 만들어가는 자영업자들의 현황을 살펴볼 것이다. 5장에서는 지역을 기반으로 문화콘텐츠가 생산되는 사례 연구를 위주로 하고 있다. 사이버공간이 아닌 현실 속의 공간이 문화콘텐츠의 생산과 소비, 그리고 유통의 장이 되는 성공 사례 분석을 통해 문화와 경제가 행복하게 접목될 수 있는 가능성을 탐구할 것이다.

2. 공연장과 지역 사회

(1) 국내 공립 공연장과 퀸즈랜드 공연장의 운영사례 비교

1995년 민선 출범 이후 지방자치제하에서 각 지방은 자신들만의 지역 특색을 살린 여러 문화 행사를 기획, 개최함으로써 그동안 중앙에 편중되어 있던 문화를 지방으로 확산시키는 역할을 하였다. 이를 통해 문화예술에 대한 지역민의 보다 높은 관심이 유도되었고, 그들의 문화적 욕구는 다양하고 질 높은 문화 공급을 요구하는 '문화폭발현상'으로 나타나게 되었다.[1] 그동안 국내의 문화 예술은 항상 경제 발전 우선이라는 정책하에서 소외되어왔다. 1960년대까지 한국사회는 빈곤으로부터의 탈출에 중점을 두었기 때문에 문화예술에 관심을 가질 여유가 없었다. 1970년대 이후 괄목할만한 경제 성장이 이루어져 근대화가 추진되었지만, 여전히 문화예술은 국가의 핵심 정책에서 외면되어왔다. 90년대 이후 정치, 경제, 사회적으로 괄목할만한 성장을 이루었음에도 불구하고 '한국의 발전은 불균형한 발전'(한국문화정책개발원, 1995 : 2)이라는 평가를 받고 있는 것은 바로 이 때문이다. 이와 같은 평가는 우리나라가 정치, 경제, 사회적으로 성장했음에도 불구하고 그 발전이 문화예술 분야와의 균형을 이루지 못했음을 지적하는 대목이며, 경제 발전과 균형을 이루는 문화예술 발전이 필요한 시점임을 나타내는 것이다.

지방자치제 실시 이후 90% 가량 수도권에 집중되어 있던 문화 산업이 지방에서도 점차적으로 활성화되고 예술 활동에 커다란 변화가 일어났는데, 우선 공연장을 찾는 애호가층의 증가와 다양화로 알 수 있으며, 이러한 문화예술의 균형적 발전을 위해 정부에서는 각 지역에 공립 공연장 230개 정도를 건립하고 있다는 점에서도 나타난다(채원호·손호중·김옥일,

---

1 문화폭발현상이란 토플러(Alvin Toffler)가 *The Culture Consumers*(Penguin Book, 1956)에서 1950년대 미국의 문화현상을 가리켜 지칭한 말이다.

2004 : 10). 그러나 공립 공연장은 그 수나 규모에 비하여 콘텐츠 측면에서 지역의 문화적 기대를 충분히 소화하지 못하고 있는 실정이다. 특히 지방의 공립 공연장은 중앙에 비하여 경영의 관료주의 성향을 벗어나지 못하고 과거 문화 행정을 그대로 답습하고 있어 효율적인 운영 개선방안이 필요한 시점이다.

정부의 지원금으로 운영되는 공연장은 투입 예산에 비해 적자 운영을 하고 있다. 물론 문화란 것은 유형의 경제적인 이익으로 돌아오지 않는다 해도 무형의 경제적 가치를 갖기에 적자 운영을 문제시하기 어려운 측면을 갖고 있는 것은 사실이다. 그렇지만 공연장이나 공연장 이용자에게 최대의 만족을 줄 수 있어야 하기에 보다 효율적인 운영을 통해 재정 자립도와 공공성을 높여가는 운영방안은 요구된다. 국내 시립 공연장의 경우 흑자 경영 사례가 거의 없기 때문에 재정 자립도를 높이기 위해서 여러 기획과 마케팅을 시도하지만 법률 및 지역의 사회적 여건 때문에 어려움에 직면해 있기도 하다. 뿐만 아니라 운영 실태를 살펴보면 체계성이 미흡하거나 예술전문 경영인이 많지 않고 일반 공무원들이 업무를 보고 있어 공연장 운영이 효율적이지 못한 것이 현실이다.

이에 본 장에서는 국내 국·공립 공연장과 호주 공립 공연장의 운영체제의 비교 분석을 통하여 국내 공립 공연장의 운영체제의 문제점을 제기한 후, 효율적인 운영방안을 제시하고자 한다. 곧 호주의 지역 공립 공연장의 운영 사례 분석을 통하여 효율적인 운영을 할 수 있었던 성공요인을 분석하고, 그 사례가 어떻게 한국 국·공립 공연장의 발전적인 운영에 적용할 수 있을지 살펴보고자 한다. 비교 대상으로 삼은 호주의 공립 공연장은 국내 광역시 정도에 해당하는 브리즈번(Brisbane)시에 위치한 주립 공연장인 Queensland Performing Art Centre(이하

QPAC)로, QPAC은 운영체제가 국내 지자체 공립 공연장과 유사한 구조를 가지고 있다. 따라서 QPAC과 국내 국·공립 공연장은 적절한 비교 대상이 될 수 있으리라 생각한다.

❶ 호주 퀸즈랜드 공연장 QPAC의 운영체계

호주의 브리즈번시는 1834년에 이름 붙여진 후 1959년 새로이 설립된 퀸즈랜드주(Queens-nd)의 도청 소재지 격에 해당한다. 브리즈번의 면적은 1,367㎢이며, 인구는 약 92만 명 정도이다. 브리즈번은 시드니의 오페라하우스의 상징처럼 세계적으로 특별한 행사, 축제, 관광 상품이 없는 평범한 도시로, 퀸즈랜드주에 속한 도시 중 자동차, 석유 등 각종 공업이 집중되어 있으며, 공업의 고용 및 생산액은 퀸즈랜드주의 약 60%를 차지한다. 브리즈번에는 4년제 대학이 5개가 있고 다수의 2년제와 전문학교가 있다.

브리즈번에서의 1년 총 예산 중에서 예술에 관련된 부분은 전체 예산의 약 1.5%~ 2% 정도 되며, 예술분야 예산 중 비중을 많이 두고 있는 분야는 거리 예술 활동과 시민을 위한 축제로, 이는 여유 시간이 많은 호주 시민들을 위해 볼만한 예술 활동들을 기획하기 때문이다.

브리즈번 예술분야 연 예산   (단위 : AU$ 1,000)

No	내 용		금 액
1	• 시내 오락프로그램 • 노인을 위한 교외 주택 • 크리스마스 나무와 전통 • 오스트레일리아데이(Australia Day) / 옥슬리 크릭(Oxley Creek) / 맨그로브(Mangroves) 축제 • 아웃 오브 더 박스(Out of the Box)	• 특별축제 • 시내에서 크리스마스 행사와 자선냄비 • 노인들을 위한 크리스마스 축제 • 청소년 활동	16,000

2	강변축제	750
3	강변 관리 및 건설비용	800
4	브리즈번 페스티발	500
5	밴드와 앙상블	100
6	주요 문화 기금	300
7	이벤트 기금	300
8	• 청소년 프로그램 • 비져블 잉크 페스티발(Visible Ink Festival) • 록킷 유스 뮤직(Rocket Youth Music) • 스타일린 업(Stylin' Up)	200
9	새로운 행사에 지출	179
10	브리즈번 예술 장학금	25
11	지역 역사를 위한 기부금	165
12	해군 군함 상점과 해상 박물관	430
13	• 예술단체 • 브리즈번 역사에 관한 홈페이지 운영 관리 • 브리즈번 문화유산 관리 • 공공 예술 분야	112
TOTAL		19,861

브리즈번에는 몇 개의 공연장이 있는데, 시청 내에 좌석 1250석 규모의 '메인 오디토리움'(Main Auditorium)이 있으며,[2] 스튜디오 스타일의 400석 정도 규모의 '파워 하우스 시어터'(Power House Theatre)와 200석의 소극장 스타일의 '비지 시어터' 공연장을 보유하고 있는 '브리즈번 파워 하우스'(Brisbane Power House)[3]가 있다. 또한 현대적인 예술과 퍼포먼스 위주의 공연을 위한 300석 규모의 공연장인 '쥬디스 라이트 센터 오브 컨템포러리 아트'(Judith Wright Centre of Contemporary Arts)가 있다.[4]

강가에 위치하고 있는 '사우스 뱅크'(South Bank)라는 브리즈번의 문화공원에는 여러 기관들이 모여 있는데, QPAC을 포함, 전시장인 '브리즈번 컨벤션 앤드 엑시비션 센터'(Brisbane Convention & Exhibition Centre), 세미나와 발표회 등을 위한 '릿지 사우스 뱅크'(Rydges South bank-Conference / Function Facilities), 그리고 대형 스크린을 보유하고 있는 야외 공연장 '썬코프 피아자'(Suncorp Piazza)가 있다.[5]

QPAC은 퀸즈랜드주 최초의 공연장으로 1985년에 개관해 주에서 직접 운영하는 주립 공연장(국내로 말하면 공립 공연장)이다. QPAC의 임직원은 주에서 파견되며 각 부서는 부서의 특성에 맞게 훈련을 받은 전문 인력들로 구성되어 있다. QPAC의 총 책임자는 퀸즈랜드주 문화예술부 장관이며 QPAC의 관리는 퀸즈랜드주 예술 담당 부서에서 담당하고 있다.[6]

QPAC은 대관 기능 외에 자체 기획 기능을 통하여 지역 민간 공연 예술 단체와 기업 그리고 예술가들과 상호 협조적인 운영을 함으로써 퀸즈랜드주의 문화적 질을 향상시키고 예술센터로서 아주 중요한 역할을 하고 있다.

---

2 http://www.brisbane.qld.gov.au/BCC : STANDARD : 1000035708 : pc=PC_1604
3 http://www.brisbanepowerhouse.org/content/?id=16
4 http://www.jwcoca.qld.gov.au/01_about/00_about.htm
5 http://www.south-bank.net.au/~venue
6 http://qpac.com.au/qpac_partners/about_qpac/

브리즈번의 대표적인 공연장

구분	좌석수		공연장 용도
QPAC	리릭 시어터	2000석	• 오페라 / 발레 / 연극
	콘서트 홀	1800석	• 오케스트라의 연주 • 스탠딩 실용음악 재즈 공연 • 졸업식과 수상식 • 기타 여러 행사 • 특징 : 7089개 관의 파이프오르간
	크레몬 시어터	312석	• 연극 / 콘서트 / 쇼 / 영화 • 다양한 공연을 즐길 수 있는 다용도의 공연장
	더 플래이하우스	850석	• 오케스트라 공연장
시청	메인 오디토리움	1250석	• 콘서트 / 대형 저녁 만찬회 • 세미나 및 발표회 등등
	이다카 오디토리움	382석	• 콘서트 / 극장식 공연 / 졸업식 • 강연 및 연주회
브리즈번 파워하우스	비지 시어터	200석	• 친근한 소극장 개념의 공연장포럼 / 세미나 및 강연 / 발표회 / 낭독회 또는 토론회
	파워하우스 시어터	400석	• 현대예술 위주로 공연
쥬디스 라이트 센터 오브 컨템포러리 아트	퍼포먼스 스페이스	300석	• 연구집회 / 극장 / 현대음악 / 현대무용 등등

QPAC 전경

QPAC은 4개의 주요 공연장을 가지고 있는데, 그중 2000석의 좌석을 지닌 '리릭 시어터' (Lyric Theatre)는 QPAC에서 가장 큰 홀이다. 최상의 음향 조건을 갖춘 무대와 오케스트라 박스가 있고, 관객석은 유럽풍의 좌석과 유리로 만들어진 작은 방들과 2개의 발코니로 이루어졌다. 무대는 지역의 전통적인 말편자 모양으로 만들어졌으며, 본 무대와 주변 그리고 뒤쪽 무대, 또한 무대 앞부분은 둥근 아치형으로 무대 앞까지 돌출되어 있다. 오케스트라 박스는 무대 앞쪽으로 떨어져 있어 보이지 않고 뒤쪽 무대는 음향학적으로 음향이 퍼지지 않도록 격리시켰다. 그래서 메인 무대와 후편 무대를 동시에 사용할 수 있다. 이러한 리릭 공연장은 오페라와 발레 그리고 연극을 위해 만들어진 홀로, 1층에 1000석 그리고 두 개의 발코니에는 층별로 500석의 좌석으로 나뉘어져 있으며, 오케스트라 박스는 60명의 연주자가 연주를 할 수 있다.[7]

'콘서트 홀'(Concert Hall)은 1800석의 좌석을 가지고 있는 홀로, 본래는 오케스트라의 연주를 위해 디자인되었지만 서서 즐길 수 있는 재즈 공연, 졸업식과 수상식 등과 같은 여러 행사를 할 수 있는 다목적 공연장이다. 7,089 개의 파이프가 있는 오르간이 있어 강한 인상을 주는 웅장하고 화려한 홀이기도 하다.[8]

콘서트홀

7 http://qpac.com.au/at_qpac/venues/lyric_theatre/
8 http://qpac.com.au/at_qpac/venues/concert_hall/

또 다른 공연장인 '크레몬 시어터'(Cremorne Theatre)는 QPAC에서 가장 다용도로 사용되는 공간으로 연극, 콘서트, 쇼, 영화들을 볼 수 있으며 좌석은 312석이다. 이곳에서는 주로 창조적이고 실험적인 공연이 이루어진다.[9]

마지막으로 '플레이 하우스'(The Play house)는 850개의 좌석을 보유하고 있는 오케스트라 공연장으로, 1층 2층 모두 휠체어가 들어갈 수 있는 좌석을 보유하고 있고 1층 사이드에 두 개의 뷰잉 룸(Viewing Room),[10] 커피숍, 소지품 보관소와 의류대여점이 있다.[11]

플레이 하우스

9 http://qpac.com.au/at_qpac/venues/cremorne_theatre/
10 가족단위 또는 희망하는 관객에게 제공하는 방
11 http://qpac.com.au/at_qpac/venues/playhouse/

① QPAC의 운영체계

QPAC은 1977년에 퀸즈랜드주에 의해 설립된 '퀸즈랜드 퍼포밍 아트 트러스트'(Queensland Performing Arts Trust) 즉 퀸즈랜드 공연예술 신탁에 의해 관리된다.[12] 퀸즈랜드 공연예술 신탁은 이사회(Board of Trustees)가 있으며, 이사진은 의장 1명과 의장 대리 1명, 그리고 이사진 8명으로 모두 10명으로 구성되어 있다. 이들은 실제적인 경영에 도움을 줄 수 있는 예술 전문인과 마케팅 업무를 담당했던 고급 인력들이며, 원주민 문화를 담당하는 이사진도 2명이 포함되어 있다.

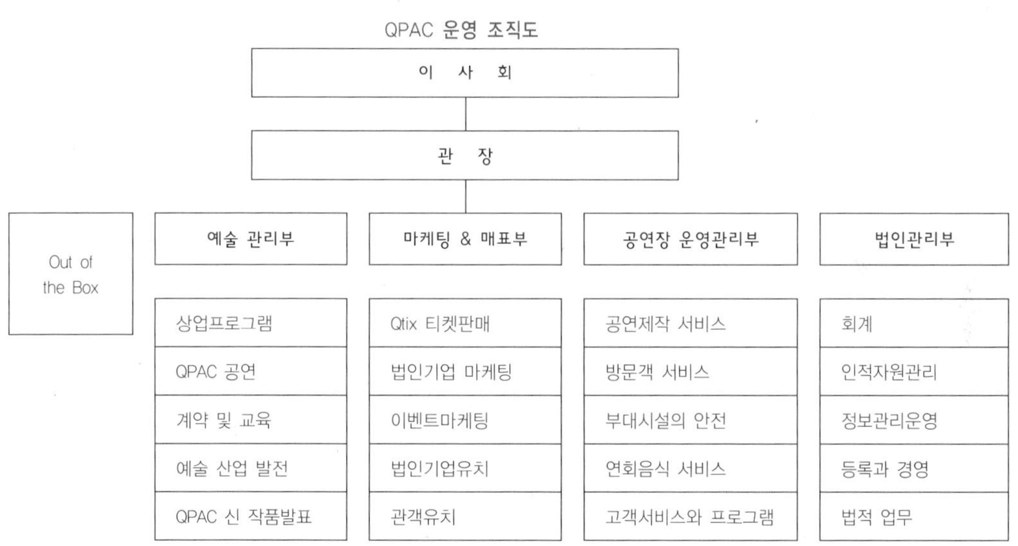

QPAC은 체계적인 조직구조를 가지고 있는데, 주정부 예술부장관의 관리 하에 정책을 연구하는 대표가 있고, 예술분야 관리부 하에 상업프로그램, QPAC 공연, 계약 및 교육, 예술 산업 발전, QPAC 신 작품 발표팀이 있다.

마케팅과 티켓 판매 담당 관리부의 관리 하에는 QTIX 티켓 판매,[13] 법인 기업 마케팅, 이벤트 마케팅, 법인 기업 유치, 관객 유치팀이 있으며, 공연장 운영 서비스 관리부 하에 공연제작 서비스, 방문객 서비스, 부대시설의 안전, 연회음식 서비스, 고객 서비스와 프로그램팀이 있고, QPAC 법인 관리 서비스 담당 관리부 하에 회계, 인적 자원 관리, 정보 관리 운영, 등록과 경영, 법적 업무팀 등이 있다.[14]

무엇보다 운영의 효율성을 갖는 조직 체계로 자체 임명한 예술감독 외에도 특별한 공연을 위한 외부 지정 예술감독제도가 있고, 예술감독은 상당수 기획의 결정권을 가지고 있다. 관장은 주에서 파견된 공무원이 행정을 처리하고 있고, 공연에 관련된 모든 결정 사항은 예술감독이 가지고 있는 형태여서 행정과 전문 경영의 분리가 명확하게 이루어져 있다.[15]

QPAC의 부서 및 업무내용

부 서		업 무 내 용
예술부	상업관리팀	공연의 수입과 공연에 해당되는 부가적인 상업적인 활동을 관리
	QPAC 공연관리팀	공연의 유치 및 공연 진행을 관리
	계약 및 교육팀	공연과 기타 부수적인 것들과의 계약 및 QPAC 자체 교육프로그램을 관리

---

13 온라인상에서 Ticket을 구입하는 시스템(한국의 티켓링크와 같은 시스템)
14 QPAC, QPAC Annual Report 2003–2004, p.17.
15 QPAC, QPAC Annual Report 2003–2004, p.17.

예술부	예술 산업 발전팀	QPAC의 브리즈번시의 공헌 및 기여 등을 위한 관리하며, 근본적인 예술산업의 발전을 관리
	QPAC 신작품 관리팀	새로운 작품을 연구 또는 기타 단체와 협의하여 발전을 도모, 관리
마케팅 & 매표부	Qtix 매표팀	'Qtix'라는 코너를 QPAC 내부에 설치하여 티켓 판매 관리를 담당
	법인기업 마케팅	현재 후원 업체로 되어 있는 기업들과의 연계를 통해 제품들의 홍보 및 후원조건 등의 관리
	이벤트 마케팅	QPAC 내부의 다채로운 행사들과 또는 QPAC과 관련되어 있는 이벤트들을 관리
	법인기업유치 팀	새로운 후원 또는 공연 시 법인 기업으로부터의 후원을 관리
	관객유치 팀	공연 시 관객들의 안내와 서비스를 제공하고 그것들을 관리
공연장 운영 관리부	공연제작 서비스팀	공연 시 기타 자재들과 공연을 위해 기타 준비사항을 관리
	방문객 서비스팀	QPAC을 견학하기 위해 오는 방문객들에게 교육을 시키고 그것들을 관리
	부대시설안전관리팀	QPAC에 있는 많은 부대시설들을 관리 유지
	연회 음식 서비스팀	연회를 할 수 있는 음식들을 준비 관리
	고객 서비스와 프로그램팀	QPAC을 찾는 고객들을 위한 서비스와 기타 공연장 외 프로그램들을 관리
법인 관리부	회계팀	QPAC의 회계를 총괄
	인적자원관리팀	QPAC 직원들과 일용직근로자들을 관리
	정보관리운영	새로운 정보들에 대해 수집하고 관리
	등록과 경영	전체적인 운영을 협의하고, 기타 단체들과의 등록여부를 관리
	법적 업무팀	QPAC의 대외적인 법적인 업무를 관리

QPAC은 총 예산에서 정부지원 27%와 자체수입 63%로 이루어지는데,[16] 수입에는 정부 보조금 이외에 자체 수입인 대관 수익과 기획에 따른 공연 활동 수입 및 비즈니스 파트너와 서포터인 기금 수입이 있다. 즉 QPAC은 단순 대관 기능 외에 자체 기획 공연 능력을 갖춘 공연장이어서 총 수입 중 대관 수입 외에 자체 기획 공연을 통한 스폰서 및 매표 수입이 QPAC의 흑자 경영에 많은 도움을 주고 있다.

모든 공연에는 외부의 경제적 지원을 받을 수 있는 사항이 법적으로 허용되어 있어, 2002~2003년 회계연도에는 호주의 통신회사인 '옵터스'(Optus)에서 $1,000,000을 후원하여 해당 연도 내내 모든 광고 또는 QPAC의 모든 안내지에 '옵터스 플레이하우스'(Optus Playhouse)라는 명칭을 사용하였다. 플레이하우스 홀에 옵터스 회사의 이름을 붙여 사용하는 것은 QPAC에 대기업의 참여를 유도하는 특징적인 방식이기도 하다.

QPAC은 단순공연 외에 매년 기획공연 축제인 QPAC시리즈가 있고, 2년마다 열리는 행사인 영유아 프로그램과 청소년 프로그램이 있어 안정적인 미래의 예술 분야를 이어나갈 수 있도록 젊은 청소년들을 관객층으로 흡수하였다.

② QPAC의 기획프로그램

QPAC은 다양한 관객들에게 접근하기 위한 방법으로 쉽고도 특별한 행사들과 체험 프로그램을 기획하고 있는데, 2003~2004년에는 총 668개의 공연들과 43개의 행사들을 개최했으며 약 564,000명의 관객들이 참여했다. QPAC에서 이루어진 공연들에 대한 전반적인 고객 만족도는 98%로 아주 높은 편이고, 제작의 질(제작의 완성도 / 우수성)에 대한 만족도 역시 98%로

16 QPAC, QPAC Annual Report 2003-2004, p.45.

높았다.[17]

특별한 자체 기획 하에 매년 두 개의 QPAC시리즈가 각각 6개월간 공연되는데, 이는 QPAC에 의해서 완전히 단독으로 제작되거나 퀸즈랜드에 기초를 둔 민간 공연단체와 공동으로 프로그램들을 혼합하여 구성하고 있다. 2003~2004년 기간에[18] QPAC 시리즈로서 개최되었던 공연들로는, '블루 룸'(The Blue Room), '우먼 인 보이스 12 앤드 13'(Women in Voice 12 and 13), 극단 <잰잰조>(Zen Zen Zo)의 '오딧세이'(The Odyssey), <반가라 댄스 시어터>(Bangarra Dance Theatre)의 '클랜'(The Clan), <시드니 댄스 컴퍼니>(Sydney Dance Company)의 '쉐이즈 오브 그레이'(Shades of Gray)와 '라 필르 말 가르디'(La Fille mal gardee) 등이 있다.[19]

어린이만을 위한 프로그램과 청소년들을 위해 학교와의 연계를 가지고 예술 활동 참여를 도와주는 특별한 관리 체계가 있는데, 어린이들을 위한 프로그램인 '아웃 오브 더 박스 페스티발 오브 얼리 차일드후드'(Out of the Box Festival of Early Childhood, 이하 OOTB)는 2004년 6월에 개최되었으며, 60,000명의 영유아들이 참여하였다. 1992년 이후로 2년마다 개최되어왔던 이 축제는 3~8세의 어린이들이 갖는 특이하고 창의적인 흥미에 초점을 맞추었고, 공연들과 워크숍, 그리고 무료 행사들로 구성되어 있다.[20]

청소년들을 위한 기획프로그램으로 <엑스엘-디 익스프레스>(XL-D Express)와, <더 플라잉 프루트 플라이 서커스>(The Flying Fruit Fly Circus)가 제작한 '스킵핑 온 스타'(Skipping on Stars), <잰잰조>(Zen Zen Zo)의 '오딧세이'(The Odyssey), <이머션 익스피어리언스>(Immersion Experience)와 <스테이지 엑스>(Stage X)의 '파이브 투 미드나이트'(Five to midnight) 등이 개최되었다. <엑스엘-디 엑스프레스>는 청소년들과 교사들에게 예술적 발전

---

17 QPAC, QPAC Annual Report 2003-2004, p.11.
18 2003-2004 기간은 2003년 7월부터 2004년 6월까지를 말함.
19 QPAC, 「Series」, QPAC Annual Report 2003-2004, p.11.
20 QPAC, 「Children」, QPAC Annual Report 2003-2004, p.11.

을 지원해 주기 위해 학교 커뮤니티와 전문 예술단들이 공동으로 제작했다.[21] 이 프로그램은 QPAC에서 1주일 동안 학습과 리허설을 마치고 공연 전개 과정을 거친 뒤 <엑스엘-디 엑스프레스>에 포함된 104명의 학생들과 퀸즈랜드 공과대학(Queensland University of Technology)의 학생들이 참여해 3개의 공연들을 했다. 특히 이 공연과 함께한 관객 및 공연자들이 집중 워크숍(Immersion Workshops)과 공연 후에 열린 포럼(Forums)에 참여하였다. 이렇듯 청소년의 교육프로그램은 학교 관객들에게 다양한 워크숍과 체험 및 공연들을 제공하고, 공연 후의 포럼에서 회사가 직접적으로 접근할 수 있는 기회들을 제공함으로써 기업들의 지속적인 후원을 위한 관계를 형성하고 있다. 음악 공연전문 단체인 <스테이지 엑스>가 QPAC과 공동 제작한 것은 물론이요, '청소년 예술 퀸즈랜드 지도자 프로그램'(Youth Arts Queensland Mentoring Program)을 후원하기도 했다. QPAC의 자체 프로그램의 특징을 보면 무엇보다 어린이나 학교와 연계를 통해 문화예술의 미래를 밝혀 나가는 미래 지향적 성격이 드러난다. 그리고 우선적으로 공연장을 이용하게끔 만드는 전략과, 기업들로부터 호응을 얻고자 학생들의 공연 이후 포럼을 통한 기업의 직접적 접근을 시도하는 것도 특징으로 볼 수 있다.

공연 프로그램은 2003~2004 기간에 퀸즈랜드 오케스트라, 퀸즈랜드 발레단, 오페라 퀸즈랜드 등 지역 공연단체가 중심을 이루었고, 이외에도 호주 발레단, 시드니 무용단, 호주 챔버 오케스트라, 벨 세익스피어 극단, 반가라 무용단 등 호주의 주요 공연단체의 초청공연을 하였다.

이밖에 QPAC은 지역 예술가들을 흡수하기 위해 2003~2004 기간에 지역 예술가들과 1,479건의 고용 계약을 맺었다. 무대현장, 위원회, 서비스 등 총 62개의 영역에서 지역 예술가들이 스태프로 활동하고 있으며,[22] QPAC의 대표자들은 제작물과 새로운 일에 대한 잠재적

21 QPAC, 「Young People」, QPAC Annual Report 2003–2004, p.12.

투자자들을 구하기 위해 해외의 공연 예술 시장이나 국제 예술 축제에 참여하기도 한다.

QPAC의 기획 프로그램

유형	프로그램	내 용
시리즈	더 블루 룸, 우먼 인 보이스 12 앤드 13, 잰잰조의 더 오디세이, 반가라 댄스 시어터의 클랜, 시드니 댄스 컴퍼니의 쉐이즈 오브 그레이, 앤드 호주 발레단의 라 필레 메르 가디.	자체 기획 제작되거나, 또는 퀸즈랜드에 있는 많은 공연 단체들, 국제적인 예술가들과 함께 공동으로 구성되어진 작품.
청소년	엑스엘-디 엑스프레스와 더 플라잉 프루트 플라이 서커스가 제작한 스킵핑 온 스타, 잰 잰 조의 더 오디세이, 이머션 익스피어리언스와 스테이지 엑스의 파이브 투 미드나이트.	단순한 공연으로 끝나는 것이 아니라, 학생과 교사 그리고 부모님까지 모두가 함께 동참하여 예술을 느낄 수 있는 프로그램. 교육 후에 참가 청소년들이 직접 공연을 주도하는 의미 있는 프로그램.
영유아	아웃 오브 더 박스 페스티발 오브 얼리 차일드후드(OOTB)	3~8세까지의 어린이들에게 꿈과 희망 그리고 상상속의 예술을 직접 느낄 수 있도록 만들어진 프로그램. 어린이들 뿐만이 아니라 교사, 부모님까지 함께 참여하는 축제.

QPAC은 다양한 계층의 관객을 수용하기 위한 프로그램을 만들고, 관객들과 가깝게 다가서기 위한 어렵지 않은 프로그램을 만드는 것에 기초를 둔다. 그리하여 일반 프로그램과는 성격이 다른 어린이만을 위한 프로그램과 청소년들을 위한 프로그램에 매우 적극적임을 알 수 있다. 특히 청소년 프로그램의 활동영역은 관객 동원은 물론이고 기업의 후원에 영향을 미치는 전략까지 포함하고 있어, 청소년층의 공연장 이용을 자연스럽게 유도하는 미래 관객을 위한 투자인 것이다. 그리고 지역의 예술가와 공연단체들을 참여시켜 프로그램들을 구성하는 것도 **QPAC**이 갖는 특별한 관리 전략이라 할 수 있다.

③ QPAC의 마케팅 전략

QPAC은 마케팅 전략의 하나로, 기업에게 기부금을 받는 후원체계를 운영하고 있는데, 비즈니스 파트너(Business Partner)와 스폰서십(Sponsorship) 그리고 서포터(Supporter)로 나누어 집중 관리한다. 비즈니스 파트너는 QPAC 자체를 후원하고, 스폰서십은 공연만을 지원하는 형태이며, 서포터는 QPAC에서 필요한 부수적인 물품들을 지원하는 형태로, 2004년 현재 QPAC의 비즈니스 파트너에는 크게 렉서스(LEXUS), 콘래드 트레져리(Conrad Treasury), 라바짜(LAVAZZA), 콴타스(QANTAS), 우체국 등 5개의 기업들이 있다. QPAC은 기업으로부터 후원을 받는 대신 기업의 광고 효과를 위해 공연장에 광고물을 비치해 놓거나 기업 창구를 통한 공연 매표에 대해 상당수의 할인혜택 등을 주는 방식으로 마케팅하고 있다.

QPAC의 대표적인 비즈니스 파트너 중 하나인 렉서스는 도요다자동차의 계열사로, 렉서스 전용라인을 통해 공연 예약을 하는 사람에게는 좌석 우선권이 주어지고 주차 예약에 있어 지불 유예 혜택과 공연장 내 무료 음료권 등을 주고 있다. 그리고 QPAC 공연장 로비에 자동차를 연중 비치해 놓아 렉서스의 광고 효과를 내고 있으며, 공연장에서 판매되는 모든 것들에 대해서는 10% 할인된 가격으로 구매를 할 수 있다. VIP의 특권을 가진 고객으로써 새로운 공연에 대해 우선적으로 정보를 받고, 퀸즈랜드주의 정보지를 매번 받아볼 수 있는 혜택도 주어진다.[23]

콘래드 트레져리는 브리즈번의 문화적 유산인 전통적인 건물과 카지노, 호텔 등을 소유하고 있는 그룹이다. 이 회사와의 파트너십은 사실상 공동의 이익을 얻는 형태로 외부에서 오는 공연자들은 이 호텔을 사용하는 조건을 맺고 있다.

[23] http://qpac.com.au/qpac_partners/case_studies/

100년이 넘은 회사인 라바짜 커피숍도 회원들에게 QPAC 내에 커피숍과 레스토랑, 카페, 그리고 바를 할인된 가격으로 제공하고 있다. 이외에 항공회사인 콴타스는 QPAC의 공연을 위한 예술 단체나 관련자들이 콴타스 항공을 이용하게 되면 항공 이용에 대한 수수료를 지불하고 있다.

서포터(Supporter) 차원으로는 대표적으로 로지즈 온리(Roses Only)가 있는데 이는 세계적인 꽃 배달 서비스망을 가지고 있는 사업체로서, QPAC에서는 고객들의 특별한 이벤트를 위해 꽃바구니를 QPAC 내부에서 할인된 가격으로 판매를 할 수 있도록 하고 있다. 곧 기업은 공연장을 위해 후원을 하고, 공연장에서는 기업의 상품에 대한 적극적 홍보와 장소 제공 및 관객들에게 특혜 등을 제공함으로써 효과적인 상관관계를 맺고 있다. 하지만 기업은 후원을 통한 이익보다 QPAC과 관계를 맺고 있다는 점에 자부심을 갖고 홍보하고 있어 기업의 문화후원에 대한 마인드가 작용하고 있음을 알 수 있다.

QPAC의 공연에 대한 홍보방식은 매스컴을 통한 광고보다는 아주 흔하게 대할 수 있게 공연 소식과 다양한 정보를 함께 제공하는 홍보물을 이용한다. 안내소나 전철 내부, 길거리의 좌판에 홍보물들을 손쉽게 대할 수 있게 비치해 놓았으며, 시민들도 홍보물에 대한 인식이 높아 누구나 공연에 대한 소식을 쉽게 접할 수 있다. 홍보물은 각 프로그램이 실려 있는 단순 홍보물이 아닌 몇 쪽 분량으로 공연프로그램이 잘 소개된 인쇄물이다.

QPAC

유형	비즈니스 파트너	파트너십	서포터십
업체	렉서스 콘래드 트래쥬얼리	라바짜 콴타스	로지즈 온리
역할	• QPAC은 업체 고객들에게 우선권을 주고 업체는 QPAC 후원금을 내면서 또한 고객들에게 업체의 서비스와 편의를 제공	• 라바짜는 QPAC 내부에서는 고객들에게 커피를 제공하며, 외부에서는 판매 • 콴타스는 출연진 또는 QPAC 스태프에게 저렴하게 항공권 제공 • QPAC은 전속으로 콴타스와 항공 계약을 맺음	• 후원금을 내면서 고객의 특별한 이벤트를 위해 꽃 배달 서비스를 실시
기업홍보 방법	• QPAC 내에 렉서스 자동차를 전시해 놓았으며, 층별로 렉서스 안내 책자들을 비치 • QPAC 전용선을 받아 공연예약부터 우선적으로 좌석배치 혜택을 제공	• QPAC 외부에 라바짜 카페와 커피숍을 운영하고 있으며, QPAC 내부의 식당과 카페에 라바짜 커피를 제공	• QPAC의 안내서에 광고가 실리면서 고객들이 원하는 이벤트형식의 꽃 바구니를 할인된 가격으로 제공

티켓은 몇 년 전부터 시행한 큐틱스(Queensland On- Line Ticketing Service)를 통해 예약하고 있는데, 큐틱스를 운영하면서 티켓 서비스의 39%가 증가하였으며,[24] 큐틱스에 대해 95%의 고객들이 만족을 느끼고 있다.

QPAC의 마케팅에 의해 흑자를 낸 회계 구성을 분석해 보면, 우선 QPAC은 공연 예술 산업의 침체와 가변성을 감안하여 재정 예비금을 축척하고 있으며, 이를 유지하기 위한 기획 프로그램과 마케팅을 시행하고 있다. 그로 인하여 QPAC은 2004년 6월 30일에 호주달러로 9백만 달러가 넘는 운영 자금을 지닌 튼튼한 재정적 위치에 서게 되었다.[25] 2002~2003년도 회계

24 QPAC, 「Qtix」, QPAC Annual Report 2003-2004, p.15.

결산을 보면, 일반적인 서비스 활동 수익 즉 대관, 구내 상품 판매, 티켓 및 공연 수입 등이 총수익(약 217억 원)의 63%(약 137억 원)로 가장 많은 범위를 차지하고 있으며, 정부 보조금은 약 27%(약 60억 원), 기타 기부금은 약 8%(약 18억 원)를 차지하고 있다. 나머지 2%는 기타수익이었다.[26]

특히 뮤지컬 '맘마미아'(MAMMA MIA), '카바레'(Cabaret), '오즈의 마법사'(The Wizard of Oz) 등과 같은 규모가 크고 수익성이 보장되는 공연은 관객에게는 만족감과 문화의 흡족함을 누리게 해주고, QPAC에게는 마케팅의 성공과 다음 회계 연도의 파트너 회사로부터 협찬을 늘릴 수 있는 기회를 주었다.[27]

QPAC은 어린이를 위한 OOTB와 젊은 청소년을 위해 마련된 <스테이지 엑스>의 '파이브 투 미드나이트' <잰잰조>의 '오디세이'와 같은 문화 행사로 인해 지역문화의 발전을 도모하는 가장 큰 위치에 서게 되었으며, 지역민들과 기타 많은 공연단체들로부터 최고의 만족도를 얻고 있다.[28]

결과적으로 2002~2003년의 흑자 상황은 정부의 지원금에 의해서가 아니라 QPAC의 기획 프로그램과 마케팅에 의한 성과로 이루어진 것이다. 정부의 지원금에는 그다지 변화가 없었고 새로운 티케팅 방식과 계속적인 행사 전개로 대관이 늘고 새로운 프로그램들로 인한 관객 유치가 성공적이었으며 2년마다 개최되는 QPAC의 기획 프로그램으로 인해 관객의 유치는 지속될 수 있었다. 자체 기획공연 중 야외에서 이루어지는 공연은 무료이지만 야외 공연 연계 상품 판매를 통해 수입을 올리기도 했고,[29] 파트너 회사와의 협력으로 기획 프로그램인 청소년 공연에 기업을 참여시키는 전략은 QPAC 재정의 흑자운영 요인이 되었다.

---

25 QPAC, 「Financial Overview」, QPAC Annual Report 2003-2004, p.31. 호주의 2003-2004년 시즌은 2003년 7월부터 2004년 6월까지이다.
26 QPAC, 「Statement of Financial Performance」, QPAC Annual Report 2003-2004, p.33.
27 QPAC, 「Financial Statement」, QPAC Annual Report 2002-2003, p.30.
28 QPAC, QPAC Annual Report 2003-2004, p11.
29 각 공연에 해당하는 티셔츠나 기타 물품들.

2002~2003년과 2003~2004년의 비즈니스 파트너와 스폰서십의 지속적 후원이 밑받침되기 때문에 수익이 높은 공연을 유치할 수 있었으며, 관객이 우선이라는 신념으로 사우스 뱅크로 사람들을 나오게 하는 QPAC의 홍보와 미래의 관객인 아이들을 위한 프로그램을 큰 규모로 공연하는 기획, 마케팅의 전략도 흑자 요인이라 할 수 있겠다.

이와 같이 QPAC의 마케팅은 후원 기업을 관리하는 체계가 조직적으로 기업을 유치하는 마케팅과 기업을 위한 마케팅 그리고 관객을 유치 관리하는 마케팅 등 세분화되어 있다. 또한 공연장을 위한 후원과 공연을 위한 후원, 그리고 기타 물품들에 대한 후원을 따로 관리하고 있다. 특히 비즈니스 파트너라 칭하는 공연장을 위한 후원 기업과는 아주 특별한 관계를 형성하고 있는 것도 매우 특징적이다. 문자 그대로 기업을 비즈니스 파트너로 삼는 공연장의 전략으로 인해 기업들은 공연에 적극적으로 참여하며 이것은 기업 홍보활동에도 많은 영향을 주고 있다. 특히 기업의 상호를 붙여, 기업과의 후원 계약이 이루어지는 기간까지 공연장 홀에다 기업의 상호를 붙여 공연장 이름을 바꾸는 전략은 매우 특징적이다.

❷ 국내 공립 공연장과의 운영체계 비교

국내 공립 공연장은 대관 기능만 하는 공연장과 대관 및 자체 기획 기능을 함께 하는 공연장이 있는데, 대관기능만 하는 공연장의 대부분이 시립 공연장이고, 대관 및 자체 기획 기능을 가진 공연장은 문화재단 형태이며, 시립 공연장 중에서도 두 가지의 기능을 겸한 공연장은 대전광역시의 대전문화예술의전당이 유일하다.

① 재정적 측면

공립 공연장들의 예산지원 형태를 보면, 시 직할 공연장의 경우 100% 시에서 지원을 받고 있으며, 문화재단 형태인 서울예술의전당은 2004년에 국고 보조금 15.6%와 방송발전기금 8.3%를 받았으며, 나머지는 자체 수입 76.1%로 운영하고 있다. 자체 수입에서는 예술사업 분야의 수입이 86.3%이고, 임대 등 기타 수입이 13.7%였다. 서울예술의전당은 2004년 한 해의 순 손실액이 약 13억 정도이지만,[30] 특별히 외부 지원을 관리하는 팀이 없이 운영되고 있다. 더욱이 시 직할 공연장들은 법적으로 외부 지원을 받지 못하기 때문에 대관 기능에만 의존하다보니 공연제작 예산을 확보하기가 쉽지 않아 낮은 재정자립도를 가져오는 주요 원인이 되고 있다.

대전문화예술의전당의 경우는 시 직할 공연장 중 유일하게 자체 기획 공연을 위한 예산을 확보한 공연장으로, 2004년에는 총 예산이 83억 원이었고 그중 공연비가 23억 원이었다.[31] 이 공연장 역시 시 직할이기 때문에 외부 후원금은 받을 수 없으며, 대관 수입 외에 자체기획 공연 티켓 판매로만 수익을 올려야 한다. 결국 재정자립도를 높이기 위해서는 공연장의 외부 경제적 후원을 가능하게 하도록 규제를 없애는 점이 현재로서는 큰 대안임을 알 수 있다. 재단법인화(문화재단)가 된 공연장의 재정 자립도가 시 직할 공연장에 비해 높은 이유가 기업의 후원을 이끌어 낼 수 있기 때문이다. 2004년 이후 재단법인 형태의 공연장으로는 서울예술의전당, 고양문예회관, 성남문예회관, 경기도문예회관 그리고 고양의 덕양어울림누리 등이 있으며, 점점 늘어나는 추세이다.

QPAC은 재단법인이 아닌 시 직할 공연장이다. 그럼에도 시의 예산 지원 외에 외부의 경제적 후원을 받을 수 있도록 되어 있다. 이러한 호주와 한국 간의 국·공립 단체의 외부 경제적

---

30 http://www.sac.or.kr/about/manage.jsp
31 대전예술의전당 운영보고서 http://www.djac.or.kr

후원에 대한 법적 차이가 국내 국·공립 공연장의 재정 자립도를 낮게 하는 요인 중의 하나이다. 결국 국내 국·공립 공연장의 외부 경제적 후원 문제를 해결하기 위해서는 재단을 법인화하거나 호주처럼 국·공립 공연장도 외부의 경제적 지원을 받을 수 있는 법적 체계가 마련되어야 할 것이다.[32]

② 조직 운영체계 측면

국내 공연장의 조직 운영체계는 문화재단, 대관이 주가 되는 시 직할 공연장, 그리고 시 직할로 자체 기획력을 함께 지닌 대전문화예술의전당 등 세 가지 형태가 있다. 각 형태마다 공연장 조직이 조금씩 차이는 있기는 하지만 일반적 업무체계는 유사한 점이 많고 공통적 특징이 많이 발견된다.

대표적인 시 직할 산하 공연장인 울산문화회관, 부산문화회관, 청주예술의전당 등의 조직체계를 보면, 공연장을 전문적으로 운영하기에 효율적이지 않은 일반적 조직체계로 구성되어 있음을 알 수 있다.

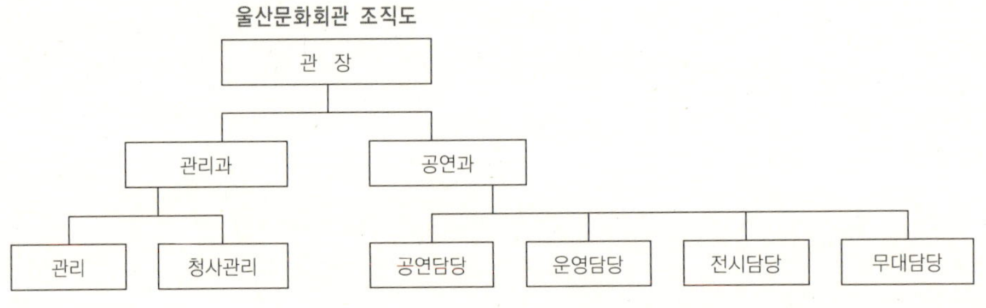

---

32 과거 정부 산하 단체도 외부의 경제적 후원을 받을 수 있었으나, 자율이 아닌 정부의 압력에 의한 기업 후원이라는 문제가 생기면서 후원제도가 법적으로 제재되었다.

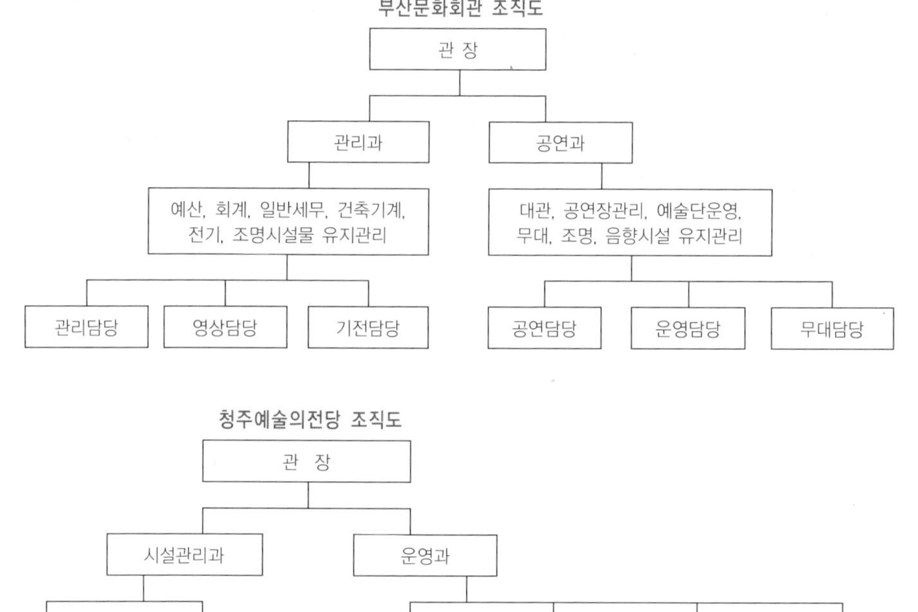

청주예술의전당의 조직체계를 한 예로 살펴보면, 관장을 중심으로 2과와 6계로 이루어져 있다. 타도시의 문예회관과는 달리 관장 아래 문예계와 체육계가 한 조직으로 구성되어 있다. 운영과는 청주예술의전당을 비롯한 청주시의 문화시설들을 관리 감독하는 관리계, 문예계,

체육계, 무대계로 구성되어 있으며, 시설과는 청주시의 문예시설 3곳과 체육 시설 9개를 관리하며 시설계와 기술계로 조직되어 있다.

청주예술의전당에서 문화 관련 업무를 담당하는 부서는 문예계로 공연 대관, 문예진흥기금에 관한 사항, 공연운영계획 작성의 업무, 공연물의 기획 제작 홍보, 문예 회관 및 사용허가에 관한 사항, 시립예술단체 운영 및 감독, 노조 행정 전반의 업무 수행, 예술단 예산, 공연홍보에 관한 사항 등 예술행정의 주요 업무를 관장하고 있다. 그러나 청주예술의전당에는 타 도시의 문예회관과는 달리 공연 기획·제작·홍보·마케팅 등의 일을 담당하는 공연계가 없다. 공연계는 초창기에는 운영이 되었다가 구조조정으로 통폐합되어, 현재는 공연계의 업무를 문예계가 일괄 처리하고 있다.

조직인력은 운영과의 직원 중 관리계와 체육계, 무대계를 제외하면 문예계 직원은 5명으로, 이 인원만으로 청주예술의전당의 문예계 업무와 공연계의 업무, 예술단체, 시민회관, 문화관 등의 11개의 각 시설들을 관리 운영하기에는 무리가 있다.

관리계는 청주 문화예술 체육회관 행정의 종합 조정을 관장하는 부서로서, 조직구조상 청주예술의전당만을 관장하는 것이 아니라 문예시설, 체육시설 등 총 9개의 시설물들을 관리하고 있다. 관리계의 업무는 청주예술의전당을 포함한 청주시 문화시설에 대부분의 물품관리, 자금 추계계산 및 공유재산 관리, 물품구매, 용역계약, 문서관리, 보안, 계약, 관인 보관, 급여, 세입, 세출 등을 관장한다.

무대계는 문예회관의 공연장 무대시설의 기계, 조명, 음향, 영사시설 관리 및 유지보수, 기타 무대운영에 관한 사항을 관장하고 있다. 직원들은 대부분은 전기 기사 자격증을 소유했을 뿐, 정식 예술 교육과정을 이수하지 않은 비전문가의 공무원들로 구성되어 있다. 무대계는 IMF를 겪으면서 구조조정되어 기존 인력의 절반 정도의 인원으로 절반정도 인원으로 시민회관과 소극장, 예술의전당의 시설들을 3교대 형식으로 운영하며 관리하고 있다.

청주예술의전당은 지역문화예술 활성화를 목적으로 산하에 시립교향악단, 시립합창단, 시립무용단, 시립국악단의 4개의 시립예술단을 소속 공연단체로 두고 있으며, 산하 공연단체들은 청주예술의전당의 간섭을 받기보다는 각 단체별로 특성에 맞게 예산을 배정받아 운영되고 있다. 따라서 소속 예술단의 사무단원을 제외한 기획운영팀이 없기에 청주예술의전당의 주된 업무는 대관인 것이다.

공립 공연장 중 특징적인 부서를 두어 운영하고 있는 곳으로는, 1999년 책임 운영기관으로 전환한 국립극장이 있다. 이곳은 대외협력팀이 있어 극장 홍보와 월간지 발행, 인쇄물 디자인, 홈페이지 관리 등을 하면서 외부 기관과의 협력을 위해 추진하고 있다. 그렇지만 기업과의 협력은 큰 성과를 거두지 못하고 있다.

시 직할 공연장이며 자체 기획기능을 가진 대전문화예술의전당은 홍보 마케팅부서가 있고, 문화재단인 서울예술의전당과 경기도문화의전당에도 마케팅부서가 있다. 그러나 특별

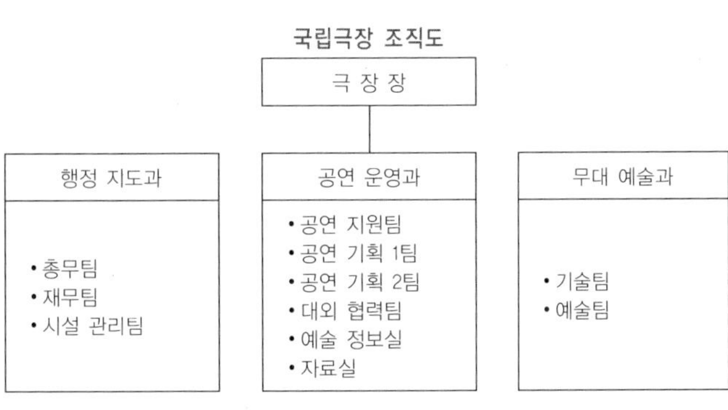

히 외부 후원 전담팀이나 관객 유치에 관한 마케팅팀이 없는 일반적인 통합 마케팅 업무를 보고 있으며, 더욱이 예술감독제는 서울예술의전당 한 곳만 운영되고 있다.

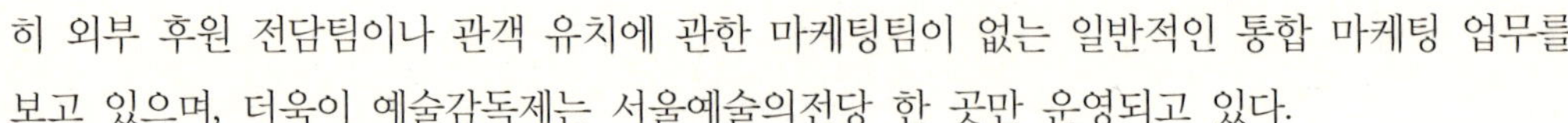

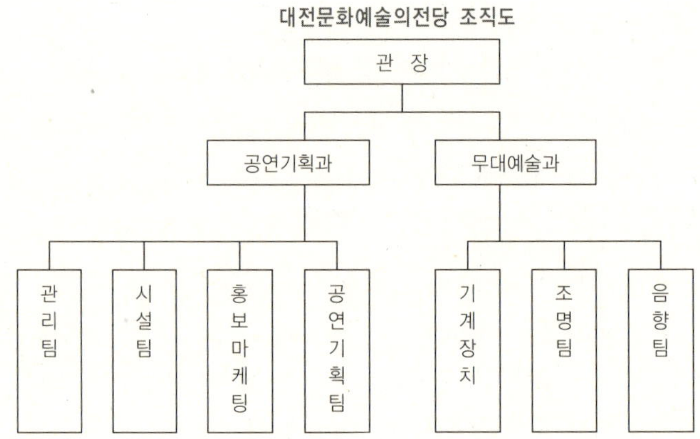

서울예술의전당 조직도

예술의전당 사장
이사회
예술감독(음악)
예술감독(공연)
예술감독(전시)
감 사
기 획 국
예술사업국
운 영 국
경영혁신팀
총무팀
시설관리팀
음악기획팀
공연기획팀
무대운영1팀
무대운영2팀
전시팀
고객지원팀
공연장운영팀
교육사업팀
홍보마케팅팀

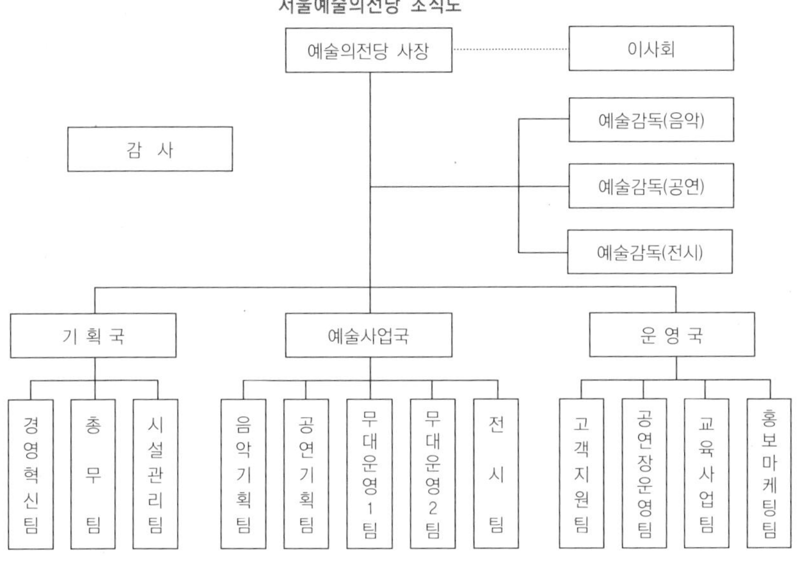

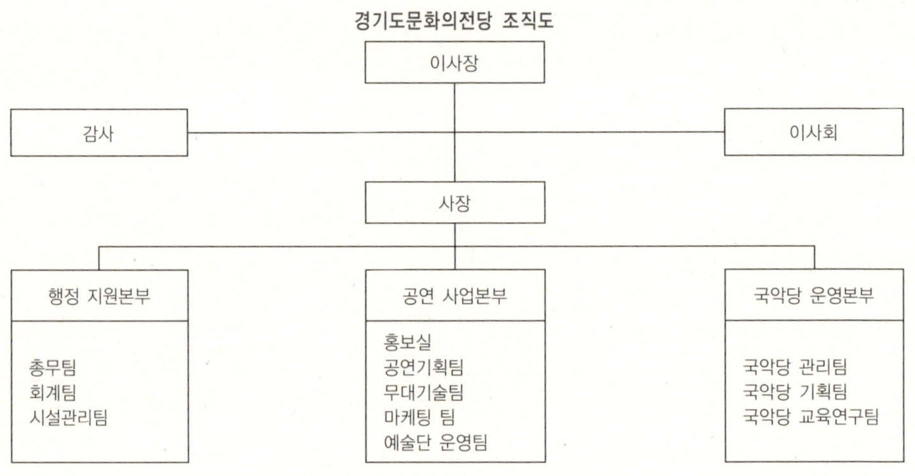

QPAC도 국내 공연장처럼 행정팀과 무대기술팀 외에 기획, 홍보, 마케팅을 운영하고 있다. QPAC과 국내 공연장의 차이를 비교한다면, QPAC은 기획, 홍보, 마케팅 팀이 전문화·조직화되어 있다는 점이다. 예컨대 국내 마케팅 팀의 경우 정기회원을 관리하거나 공연 시마다 관객 유치에 신경을 쓰는 것이 주 업무인데 반해, QPAC은 기업 후원을 유치하고 후원 기업을 관리하는 팀을 운영한다는 점이다.

지역 공립 공연장도 QPAC처럼 예술감독제를 활성화시켜야 한다. 국내 공연장은 서울예술의전당만이 예술감독제를 시행하고 있는데, 예술감독제는 관장이나 이사회와는 별도로 공연을 전문적으로 총괄할 수 있는 제도로 행정과 전문 경영의 분리를 의미한다. 현재 문화재단들이 대개 시행하고 있기는 하지만, 각 분야에 전문가를 쓰고 지속적으로 그들을 재교육시키는 연수 프로그램도 강화해야 하고, 전문적인 경영 인력과 행정의 분리를 확대하여 효율성 있는 공연장을 운영해야 한다는 인식이 요구된다.

서울예술의전당은 운영비를 일부는 국고, 일부는 공공 기금 및 자체 운영 자금으로 운영하고 있으나, 공공 기금도 방송 발전 기금이다. 또한 공연을 지원하는 스폰서 경우, 성인을 대상으로 하는 상업적 공연에만 스폰서가 지원하는 게 일반적이다. 청소년이나 어린이를 위한 교육 프로그램을 운영하는 공연장에서는 단기적 혹은 이벤트적인 프로그램에 그치고 있다. QPAC처럼 이런 프로그램들이 후속 공연으로 이어지는 결과를 낳을 수 있도록 유도하는 전략이 요구되며 그런 경우, 학교나 단체들과도 연계를 가질 수 있는 기회를 만들 수도 있을 것이다. 한국의 기업들도 일회성 후원이 아닌 장기적 관점의 후원에 관심을 갖는 마인드가 필요하다.

QPAC과 한국의 국·공립 공연장을 비교해보면 한국 공연장의 마케팅 전략의 체계성이 부족하다는 것을 알 수 있다. 한국의 상당수 공연장은 비전문적인 조직체계를 갖춘 마케팅 부서를 통해 운영되며, 더욱이 기업 후원제도가 운영되는 공연장은 드문 상황이다. 물론 메세나(mecenat, 기업의 문화예술지원)를 통한 기업의 직·간접 운영제도는 있으나 공연장 자체에서 직접 마케팅 전담부서를 두는 경우는 드물다. 할인혜택을 주는 회원제는 국내 공립 공연장의 대다수가 시행하고 있지만, QPAC의 기업 후원제도인 비즈니스 파트너, 스폰서십, 서포터 등과 같은 체계화된 제도는 운영하고 있지 않다.

❸ 효율적인 공연장 운영을 위하여

앞에서 살펴본 것처럼 **QPAC**의 운영체계와 기획프로그램 그리고 조직적인 마케팅 전략이 **QPAC**을 흑자 재정으로 만드는 데 많은 역할을 하고 있다. 국내의 경우 공연장이 수도권에만 집중되어 있었지만, 지방자치 시대가 되면서 지역마다 서울 수준의 공연장을 개원하고 있으며, 공연장을 찾는 지역민들의 수도 점점 늘어나고 있다.

이에 반해 효율적인 공연장 운영방식에는 한계를 드러내고 있는데, 조직 면에서 대부분 일반적인 부서만이 자리를 하고 있고, 재정 면에서 정부의 지원금으로만 운영을 해야 하는 시 직할 공연장은 물론, 재정자립도를 높일 수 있는 자체 기획 능력을 지닌 문화재단의 경우도 흑자를 내기 힘든 운영을 하고 있다. 경제적인 이익에 가치를 두는 것이 문화 예술에 꼭 필요한 것은 아니지만 낮은 재정자립도를 문제시 하지 않을 수 없는 것도 사실이다. 그렇기 때문에 **QPAC**의 사례는 한국의 공연장 운영에 두 가지 시사점을 보여준다. 즉 한국의 공연장은 경영학적 운영방식의 도입과 공연장의 성격변화가 필요다는 것이다.

① 경영학적 운영방식의 도입

예술경영학적 관점을 볼 때 앞으로 지방 공연장에서 취하여 할 효율적인 경영방식은 시 사업소체제의 민간전문 책임경영방식, 민간기관 위탁경영방식, 재단법인화 등의 세 가지 경영방안중 하나일 것이다. 이 세 방식중 지역의 경제구조와 문화 인프라를 재고하여 지역별로 가장 적합한 경영 유형을 선택하여야 할 것이다. 시 직할의 공연장의 경우, 현 체제에서 가장 현실적인 경영방식은 민간 책임경영방식일 것이다. 민간 책임경영방식이란, 기존의 시 사업소를 모태로 실무자나 관리자들을 관료인이 아닌 민간 전문인의 경력자들로 구성하여 공연장의 전문성을 확보하는 방식으로, 대전문화예술의전당이 이에 속한다. 이 경영 방식의 도입으로 대관 중심에서 벗어나지 못한 공연장의 기능을 기획 중심의 공연장으로 점차 변화시켜야 한다.

민간기관 위탁경영방식은 지방 자치단체가 정한 범위 내에서 자율적으로 극장을 운영하고 지방자치단체는 예산을 보조하고 운영을 감독하는 권한을 가지는 방식으로, 전주의 소리문화의전당을 들 수 있다. 이 방식은 중앙과 떨어져 있어 문화시장 규모가 작은 지방에서는 활성화를 기대하기 어려운 방식이다.

재단법인 방식의 공연장은 민법에 의해 설립되는 비영리법인을 말한다. 재단법인화의 공연장 활성방안은 민법에 의한 재단법인화와 특별법에 의한 공법인화를 들 수 있다. 비영리법인으로서의 공연장의 재단법인화는 단체의 운영 경비를 지자체의 예산에서 보조해 주되 운영 주체를 민간인으로 채용하여 민간방식으로 운영하는 것이다. 공연장을 독립 법인으로 운영하는 것이 예술 활동 창조성과 효율성을 높이는 장점이 있고 장래 국내 공연장이 지향해야 할 운영체제이기도 하다.

그러나 재단법인화에 의한 운영의 전문화가 장점만 있는 것은 아니다. 재단법인화의 경우도 사회적 여건에 따라 문제를 가지고 있으며, 특히 지방은 더욱 그러하다. 첫째, 재정 독립의 문제이다. 공립 공연장의 운영비는 100% 시 예산에 의존하고 있으며, 공연 수입은 단체 운영 예산의 10% 이하에 불과하다. 지역의 경우 공연수익이 적은 것은 공연 예술 시장의 형성이 미비하기 때문이고, 재단법인화가 되어 민간전문인 책임방식 경영이 이루어져도 부족한 재정은 국가나 자치단체의 지원을 받아야 한다는 결론이다. 지원이 있으면 간섭도 따르게 마련이다. 재단법인화의 주요 목적 중의 하나가 재정자립도 향상인데, 이를 달성하지 못한다면 시의 입장에서는 재정만 지원하고 통제를 못하는 기관을 지원하거나 법인화할 당위성이 없어져 버린다. 둘째, 공공성 유지의 문제이다. 경제성을 앞세우다 보면 문화예술의 공공성이 훼손될 우려가 있다. 지방의 경우 지역사회 경제규모와 문화시장 규모의 한계로 말미암아 기업의 후원이 중앙에 비하여 적을 것이고, 이 경우 그 부담은 문화수용자에게 전가될 수밖에 없다. 위 세 가지 유형의 경영학적 운영 방식에 대해 각각 장·단점을 정리하면 다음과 같다.

경영방식 유형의 장·단점 비교

구 분	장 점	단 점
민간전문 책임경영	• 공익성과 공공성 확보 기능 • 다양한 문화서비스 제공 • 책임 있는 시설관리 • 전문인과 공무원간의 원활한 상호협조로 대형 사업 추진 용의 • 활발한 기획 공연으로 관객의 서비스 질 향상	• 예산 회계법 등 제도적 제약으로 신축적 재정 운영 곤란
위탁기관	• 민간경영도입으로 운영수입 증대 • 공개경쟁으로 시 부담액 절감 • 다양한 수익사업 개발 확대	• 경영수입 증가로 이용자 부담과중 (공공성과 공익성 확보 곤란예상) • 운영수입 부진 시 경영권 중도 포기 등 관리중단사태 예상 • 공연장 운영인원 감축 예상으로 관객서비스 개선 저하 예상
재단법인	• 민간경영도입으로 운영수입증대 • 공연 질을 위해 다양한 이벤트, 전시로 수준 높은 서비스 기대	• 경영수입 증가로 이용자 부담과중 (공공성과 공익성 확보 곤란예상) • 노사분규 가능성 배제 곤란 • 예술단체 직원 감축 예상

관료책임방식과 민간책임방식 비교

분석 요인		관료책임방식	민간책임방식
재정 운용 측면	예산제도	• 비효율적 예산회계 제도 • 최저낙찰제와 조달물가 적용 • 기획비·성과금 부재 • 예산 재사용 난이	• 공연장의 서비스 질 향상을 위해 예산의 탄력적 운영
	자금운용	• 예술경험의 부재로 단조로운 자금 운용	• 예술사업의 경쟁성, 경영성 도입으로 효과적인 예산운용 추진
	수익사업	• 수익사업 개발의지 부재	• 정책사업 및 수익사업 개발
	사업의욕	• 마케팅개념 불필요	• 마케팅개념 도입으로 사업활성화
	목표의식	• 투자에 대한 목표의식 부재	• 목표달성을 위한 개인적 노력
조직 관리 측면	환경대응력	• 효율적인 조직관리 한계 • 중장기계획 추진불가	• 보직 변동의 불가로 지속적인 장·단기 계획추진 가능
	경영평가	• 평가 방법 및 기준 불필요	• 전문인으로서의 책임감과 능률향상
	인사관리	• 장기적 인원 수급계획 부재 • 자기개발력 상실 • 직업의식 결여 • 교육훈련 미비 • 소속원 자긍심 함양을 위한 조직적 배려 불가	• 예술 전문인의 예술경영자로 적재적소 전문 인력 배치 용이 • 책임권한 부여로 책무감 상승 • 직무교육훈련의 연속성 유지 • 전문성 교육기회 보장
	고객 서비스	• 동기부여 미비 • 문화서비스제공 한계 노출 • 고객을 위한 서비스 불가	• 공공성과 수익성을 향한 정신발휘 • 다양한 양질인 고객서비스 확대로 시민들에게 시의 문화예술행정평가 인지도 상승
전속 단체 운영	활동수익	• 만성 적자 운영	• 수익형 활동 전개 유리
	소속감	• 소속에 의한 자긍심 부재	• 책임 있는 경영과 시설 유지
	예술의욕	• 정해진 활동만 하게 되므로 경쟁적 창작열 부재	• 시 문화행정의 향상과 개인의 예술적 발전을 위해 노력
	활동방식	• 수동적 공연 스케줄 운영	• 다양한 이벤트로 전당 이미지 상승

공립 공연장의 재단법인화는 이론적으로 가장 좋은 운영방식임에는 틀림없다. 그러나 경제규모와 공연시장이 작아 기업의 광고 및 후원수입이 적을 것으로 예상되는 지역 공연장의 경우는 재단법인화에 신중히 접근해야 한다. 법인화 이후 시의 지속적인 재정 지원이 없는 상태에서는 공공성이 훼손될 가능성이 있기 때문이다. 물론 시에서 현재와 같이 예산에 대한 모든 지원을 한다는 조건 하의 법인화라면 다를 것이다. 앞서 살펴본 대구문화예술회관이나 대전문화예술의전당의 사례는 시 사업소 체제의 민간책임경영방식 유형을 취하고 있는데, 지역 경제규모와 공연시장의 규모를 고려해 볼 때 시 직할 공연장의 현실적인 방안은 민간전문책임경영방식의 운영체제일 것이다.

② 기획공연장으로의 전환

영리를 목적으로 하는 공연장은 그 단체가 추구하는 목표가 이윤을 창출하는 것이기 때문에, 명확한 예술적 지향점을 보여 주기보다는 일반대중들을 가장 잘 설득할 수 있는 데에 그 중점을 두고 공연물을 제작한다. 그러나 정부나 도·시의 문예회관과 공연단체의 경우는 지역민의 문화 향상을 목표로 하는 비영리적인 단체이다. 이는 관객들을 위해 정책적으로 교육적인 프로그램을 제작하여야 하고 공식적인 행사나 공익적인 문화행사 활동도 하게 된다는 것을 의미한다.

현재 국내 공립 공연장의 대다수는 대관 공연장의 성격을 띠고 있다. 대관공연은 외부단체나 개인 또는 공연 기획사 등에 일정한 금액을 받고 공연장과 부대시설을 임대해 줌을 말한다. 이는 재원이나 기획인력 충원의 부담이 없이도 프로그램을 확보할 수 있는 방식이므로 공연장의 부담은 전혀 없는 셈이다. 그러나 이는 지역 공연문화의 퇴보와 관객의 문화적 서비스 혜택에 역행하는 수동적인 경영방식이라 할 수 있다. 70여 개에 이르는 우리나라 국·공립 종합예술문예회관의 설립취지의 대부분은 일률적으로 '문화예술의 발전과 시민의 문화예술 향수권의 증대'에 있다고 되어 있다(한국공연예술매니지먼트협회, 1999 : 22). 그러나 전국 대부분의 문예회관은 이러한 설립취지와는 상관없이 그저 공연장 시설을 임대해주는 대관 중심의 공연장으로 전락해 버리고 말았다. 문화예술의 선진국인 프랑스나 영국의 예를 들어 보면 공공 문예회관의 거의 대부분이 자체 제작을 하는 기획 공연 중심의 전문기획공연장을 이루고 있는 반면, 서울을 제외한 지방 문예회관들은 임대 위주의 대관 중심의 공연장이다.

이에 반해 적극적인 경영방식의 공연장은 기획공연장이다. 기획공연은 공연장경영 주체가 스스로 위험부담을 안고 프로그램을 기획하고 제작하여 공급하는 적극적인 마케팅이 요구되는 형태의 공연을 말한다. 기획공연의 장점은 공연장의 예술적 특화와 프로그램을 위해 능동적으로 대처한다는 것이다. 그러나 이러한 장점을 살려 성공을 거두기 위해서는 반드시 수행되어야 할 것들이 있다. 전문기획공연장으로서의 활성화를 위해서는 QPAC처럼 마케팅 부서가 세부적으로 관리되어야 한다. QPAC는 기업의 후원을 받기 위해 기업 마케팅팀과 기업 유치팀, 그리고 관객을 관리 유치하는 관객 유치팀이 운영되고 있다. 이로 인해 기업으로부터 공연장 자체의 후원을 받을 수 있는 비즈니스·파트너와 공연을 후원하는 스폰서십, 그리고 공연장에 물품을 후원하는 서포터의 형태가 자리잡고 있다. 물론 기업과는 상호 공동의 이익을 주고받는 적극적인 형태로 이루어진다. 또한 기업의 후원을 이끌어내기 위하여 여러 형태와 업종의 기업에 적합한 후원 유지 계획을 세우고, 이를 통하여 공연장 관객에게 다양한 형태의 기업을 통한 서비스를 제공한다. 국내 공연장도 다양한 기업 후원 형태를 통하여 기업이 자사에 적합한 후원 방식을 선택할 수 있도록 후원 유치 전략을 세워야 할 것이다.

QPAC이 한국과는 문화 사회적으로 다른 점이 있겠지만 한국도 공연장을 보다 효율적으로 운영하려면 많은 변화가 있어야 한다. 공연장의 마케팅 전략을 체계적으로 보완하고, 전문성을 살려 이에 맞는 전문가들을 채용하고, 각 장르별로 예술감독제를 활성화시킨다면 공립 공연장의 운영을 효과적으로 할 수 있을 것이다. 아직은 활발하지 않은 공연장을 위한 기업의 후원 제도를 개선하여 활성화시킨다면 날로 늘어가는 한국의 공연장도 효율적인 운영을 할 수 있을 것이다.

(2) 공립 공연장의 운영 정책과 지역 음악사회 : 대전의 경우

과거에 대전은 '문화의 불모지'라는 오명을 갖고 있었다. 지역 공연예술계에서는 공연예술가와 지역 주민 모두 전문공연장의 출현을 기다려왔다. 지역의 공연장에서 공연을 하거나 관람을 할 경우, 세종문화회관이나 서울예술의전당에 훨씬 못 미치는 열악한 공간 조건 때문에 공연예술가와 애호가 모두 많은 아쉬움을 가져왔다. 공연장의 만족스럽지 못한 물적 조건은 공연예술인에게는 공연 완성도의 문제를, 관객에게는 만족스럽지 못한 관람여건을 가져왔다.

물론 대전문화예술의전당(이하 대전예당) 개관 이전에도 대전에는 몇 개의 공연장이 있었다. 시민회관, 엑스포아트홀, 평송청소년수련원대강당, 대덕과학문화센터, 우송예술회관, 배재대 21세기관, 충남대 정심화홀 등이 그것이며, 그중 우송예술회관, 배재대 21세기관, 충남대

정심화홀은 대학교 소속 공연장이고, 나머지는 대전시 소속 공연장이다. 공연장의 개수만으로 본다면 결코 적지 않다. 그럼에도 공연예술인과 문화애호가들에게 지역 공연장이 문제시되어 온 것은 공연장의 질, 즉 공연의 생산과 감상 여건에 대한 불만족 때문이었다.

이러한 가운데 2003년 10월 총사업비 966억 원이 소요된 국내 최고시설의 공연공간이 개관되었고, 이 공연장은 시 직할의 공연장임에도 불구하고 대관 외에 자체 기획공연을 갖는 기획공연장으로 운영방향이 설정되었다.[33] 국내 공연장 중 서울예술의전당처럼 재단법인의 공연장을 제외하고 시·도 직할의 공연장 중 기획공연 공연장으로 성격을 정한 곳은 대전예당이 유일하기에, 이에 거는 기대는 일반 공연장의 개관과는 남달랐다. 기획공연을 할 수 있는 운영조건을 갖추어야만 그 공연장은 지역사회의 공연문화 생산의 중심적 역할을 할 수 있기 때문이다.

기획력을 갖춘 대전예당은 1년에 두 개의 큰 페스티벌을 기획하였는데, 상반기 지역 공연예술단체들에 대한 공모와 추천을 거쳐 두 달 동안 공동제작 및 초청공연을 하는 '스프링 페스티벌'(Spring Festival)과 하반기 국내외 정상의 공연예술단체를 초청하는 '그랜드 페스티벌'(Grand Festival)이 그것이다. 스프링 페스티벌은 지역 공연예술단체의 활성화에 기여하였고, 그랜드 페스티벌은 시민에게 수준 높은 공연을 선사하였다. 또한 청소년을 위한 '청소년 음악회', 주부들을 위한 '화요일의 아침을 여는 클래식' 등 시리즈 공연을 기획하였고, 매년 오페라도 제작 공연하였다. 이외에도 부정기적으로 국내외 및 지역의 공연예술단체들을 초청 공연하였다. 곧 3년 동안의 이러한 기획은 지역 공연예술단체 및 공연예술인에게 많은 활동의 기회를 제공하였다.

---

[33] 문화예술과, 『대전문화예술의전당 운영발전을 위한 회의자료』(대전광역시, 2003. 3. 38).

한편 공연예술 관람객들은 대전예당에서 지역 소재의 다른 공연장과는 차별화되는 관객서비스를 받았고, 지금까지와는 다른 공연관람문화가 형성되기 시작했다. 다양한 공연정보서비스, 최상의 음향에 의한 관람조건, 티켓예매서비스, 좋은 관람을 위한 적절한 안내서비스, 다양한 장르와 국내외 수준 높은 공연단체의 초청 기획공연, 특정 애호가층을 위한 서비스교육 차원의 기획공연, 부설 어린이놀이방 운영 등은 공연예술인들에게는 최상의 공연조건을, 관람객에게는 최상의 관람조건을 마련해 준 것이다. 개관 7년을 맞는 대전예당으로 말미암아 대전공연예술계는 많은 변화가 있었다. 대전예당의 개관은 단지 공연장이라는 물적 인프라의 구축뿐만 아니라 지역 공연예술 생산의 활성화를 주도했고 수용적인 면에서 다양하고 수준 높은 예술적 경험과 새로운 관람문화를 정착시켰다.

본 장은 개관 7년을 맞은 대전예당이 어떤 조직체계와 운영체계, 기획프로그램 등을 운영해 왔으며, 그 운영정책에 의해 지역음악사회가 어떻게 변모했는지 논의한 글이다. 곧 지역 공립 공연장의 운영정책이 어떻게 지역음악사회의 생산과 수용체계에 영향을 미치는가에 관한 사례 연구이다.

❶ 대전문화예술의전당의 운영체계 및 현황

① 시설 및 조직체계

대전예당은 1996년 3월 16일 공사에 착공, 8년간의 공사기간을 거쳐 2003년 10월 1일 개관하였다. 부지면적 10만㎡, 지하 2층, 지상 3층, 연면적 40,774㎡의 총 공사비 966억 원(국비 175억, 시비 786억, 문예진흥기금 5억)이 소요된 대규모 공사였다. 10월 1일 개관식을 가진 후 두 달 동안 개관기념 공연을 가졌으며, 11월 22일 개관공연에서 나타난 문제의 조정과 시스템의 정비를 위해 임시 휴관에 들어가, 2004년 3월 26일에 완벽한 운영체제를 가지고 재개관하였다. 공연장의 명칭은 전문가의 의견과 시민공모 등을 거쳐 '대전문화예술의전당'으로 명명되었고, 문화예술창달과 시민의 문화향유 기회확대를 위한 문화예술공간 및 문화예술진흥을 위한 사업추진을 설립 목적으로 내세웠다.[34]

대전예당은 아트홀과 앙상블홀이라 부르는 두 개의 공연홀을 가지고 있다. 아트홀은 수용인원 1,546석의 객석과 300여 명이 동시 출연 가능한 무대, 120여 명의 오케스트라를 수용할 수 있는 피트를 가진 대규모 공연장으로, 오케스트라와 대합창단은 물론 그랜드 오페라, 발레, 뮤지컬 등의 전문공연기능을 효율적으로 수행할 수 있는 종합문화예술 공간으로 구성된다. 객석은 갤러리 형식으로 1, 2, 3층으로 나뉘어 있고, 의자는 인체공학적으로 설계 제작되어 안락한 공연관람을 위한 편의에 중점을 두었다. 아트홀의 음향과 무대시설은 세계적인 수준을 자랑하는데, 경사무대 시스템과 회전무대기능을 보유한 십자형 무대구조는 오페라, 연극, 뮤지컬 등에서 4막 공연을 소화할 수 있는 무대이다.[35]

앙상블홀은 150여 명의 동시 출연과 회전이동이 가능한 무대, 60명 규모의 오케스트라 피트, 112석 규모의 가변 객석무대, 651석 규모의 객석으로 구성되어, 소규모 공연을 소화할 수 있는 홀이다. 특히 가변 객석무대는 원형 돌출무대로 이용할 수 있도록 설계되어 원형무대의 장점과 프로시니엄 아치(Proscenium Arch)의 장점을 조합한 오픈형식으로, 관객과의 친밀도가 높아 연주자와 관객이 함께 호흡할 수 있는 무대를 연출할 수 있다. 주로 소규모 뮤지컬, 연극, 무용, 실내악, 독주회 등이 가능한 공간이다.[36]

---

34 문화예술과, 「대전문화예술의전당 운영발전을 위한 회의자료」(대전광역시, 2003. 3. 38).
35 대전문화예술의전당, 「대전문화예술의전당 무대시스템 시연회자료」(2003. 9. 8).
36 대전문화예술의전당, 「대전문화예술의전당 무대시스템 시연회자료」(2003. 9. 8).

　이외에도 아트홀과 앙상블홀 주 무대 크기와 똑같은 각각의 리허설 룸과 공연의 장르별 특성을 고려한 여러 규모의 연습공간 그리고 개인별로 충분한 리허설을 할 수 있는 개인 연습실이 준비되어 있어 훌륭한 공연조건을 제공하고 있다.

콘서트홀 객석

유아 및 어린아이를 동반한 관객들을 위하여 무료로 운영되는 어린이 놀이방은, 전문 보육 인력이 배치되어 핵가족시대에 어린이를 동반한 보호자들이 편안한 마음으로 공연을 관람할 수 있도록 하였다.

컨벤션홀은 세미나, 회의 그리고 연회장으로도 활용이 가능하다. 대전예당의 야외조경은 예당 옆에 위치한 한밭수목원과 함께 시민들의 휴식공간으로 이용되며, 야외공연을 펼칠 수 있는 원형극장은 놀이마당 형식 등 색다른 공연을 선보일 수 있다. 대전예당은 한 대지 위에 시립미술관 및 한밭수목원과 자리함으로써 문화벨트(Culture Belt)를 형성하여 단지 공연장이 아닌 문화예술공간으로서 자리매김 되었다.

국내 국공립공연장과 대전예당을 비교할 때, 운영체계의 가장 큰 특징은 자체 기획공연의 운영체계를 갖춘 공연장이라는 점이다. 일반적으로 공연장은 대관 기능만 하는 공연장과 자체 기획공연만을 수행하는 공연장 그리고 두 가지의 기능을 함께 하는 공연장이 있는데, 국내 지방자치단체 직할 공연장의 대부분은 대관기능만 하는 공연장이고, 중앙정부와 지자체에서 출연한 이른바 문화재단 형태의 공연장은 대관 및 자체기획 기능을 가진 공연장이다. 대전예당은 시 직할 공연장이면서도 대관과 자체 기획공연 두 가지의 기능을 겸한 공연장으로, 국내에서는 현재 유일한 시 직할 기획공연장이다. 따라서 조직에 있어 대관기능만 수행하는 타 시 직할 공연장과는 다른 전문공연장으로서의 조직체계를 가지고 있다.

관장을 총 운영 책임자로 하여, 2과 7팀의 48명의 조직원을 두고 있다. 과(課)는 공연기획과와 무대예술과 체제로 구성되어 있고, 각 과는 여러 개의 팀(team) 체제로 운영되고 있는데, 공연기획과에는 관리팀, 시설팀, 홍보·마케팅팀, 공연기획팀을, 무대예술과에는 기계장치팀,

조명팀, 음향팀을 두고 있다.[37] 대관기능의 타 시도 직할 공연장도 공연기획과에 해당하는 공연과와 무대예술과에 해당하는 무대담당을 두고 있으나, 인력구성 면에서 전문 인력의 유무에 차이가 있다. 대전예당은 타 시도 직할 공연장의 직제에 없는 홍보·마케팅팀, 공연기획팀을 운영하고 있으며, 이들은 모두 대학원에서 예술경영을 전공했거나 공연장 및 공연단체에서 실무경험이 있는 전문 인력으로 공채되었다. 무대 인력의 경우도 타 시도 직할공연장과 달리 공연무대를 조정하고 서포트할 수 있는 전문 인력이 선발되었다. 곧 대전예당 조직의 가장 큰 특징인 전문 기획공연장으로서 손색없는 인력구성체제를 갖추었다는 점이다.

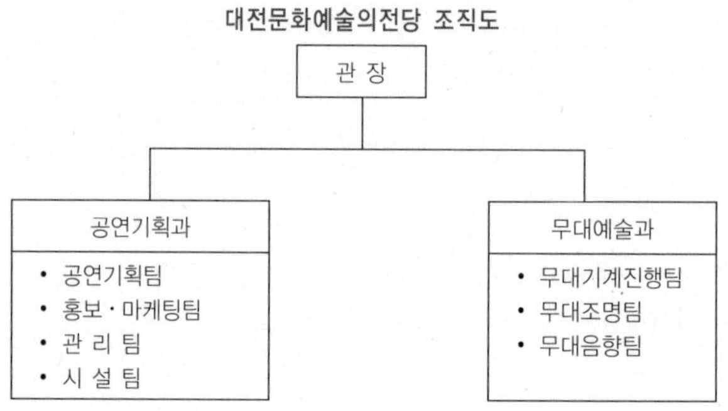

대전예당 내에는 각 장르의 대전공연문화를 이끌고 있는 시립예술단인 시립교향악단, 시립합창단, 시립무용단, 시립청소년합창단 등이 상주하고 있어, 개관 7년이 지난 현재 공연예술인과 애호가에게 대전 공연예술의 메카로 자리매김되었다.

---

37 문화예술과, 「대전문화예술의전당 운영발전을 위한 회의자료」(대전광역시, 2003. 3. 38).

대전문화예술의전당 전경

② 기획프로그램 운영 현황

대전예당은 전문공연장으로 운영방향을 정하고 있는데, 그 정책 중의 하나로 대관심의제를 채택하고 있다. 1년 전에 대관예약을 받은 후, 대관신청한 공연인이나 공연단체에 대해 예술가, 공연단체로서의 전문성을 심의하는 것이다.[38] 이는 일정 수준 이상의 전문공연만을 선별하여 대관함으로써 대전예당의 성격을 분명히 하려는 의도이다. 전문 예술공연장이 되기 위한 조치로, 아마추어나 학생들의 공연은 대전예당 이외의 공연장에서도 공연이 가능하기 때문이다. 이미 몇 개의 공연장이 있는 대전에 첨단 시설을 가진 대전예당을 건설한 것은 보다 전문적이고 질 높은 공연을 위한 조건을 만들기 위함이다. 따라서 비전문공연보다 전문공연에 먼저 대관을 배려하는 정책은 전문공연단체의 생산 활성화에 기여한다.

대전예당은 전반적인 운영에 대해 전문가의 조언과 지역 공연계의 여론을 반영하기 위하여 대전예당의 관장이 참여하고 지역 전문공연예술인 14명으로 구성된 운영자문위원회를 두고 있다. 운영자문위원회는 정기회의에서 대전예당의 운영정책과 1년 기획프로그램에 대한 의견 개진을 통하여 보다 효율적인 운영 방안을 제시하며, 중요 긴급 사안이 생기면 수시회의를 개최한다. 주요 심의·결정사항으로는 전당의 관리·운영에 관한 사항, 공연장 사용허가의 전문적인 의견이 요구되는 사항, 기타 관장이 필요하다고 인정하는 사항 등이다.[39] 현재 운영자문위원회는 음악, 연극, 무용 등 공연 장르의 공연예술가, 평론가, 교수로 구성되어 있다.

대전예당은 공연 외에 시민을 위한 '문화예술교육강좌'를 운영하고 있다. 2004년에는 예술감상 및 워크숍 프로그램으로 초등학생 대상의 '어린이 연극놀이교실', '멀티미디어 동화창작교실', '친구들과 세계를 춤추자', 성인 대상의 '다양한 음악의 세계', '즐거운 오페라와 발레',

---

38 대전문화예술의전당, 「대전문화예술의전당 공연장 대관규약」(2004).
39 대전문화예술의전당, 「대전문화예술의전당 관리운영조례시행규칙」(2004).

‘즉흥과 신체훈련을 통한 연극놀이’, 교사 대상의 ‘교육연극 워크숍’, ‘창의적 감성개발을 위한 예술교육 기획워크숍’ 등 총 10개 강좌 64회에 1,787명이 교육에 참여하였고,[40] 2005년에는 ‘모리스 베자르 워크숍’, ‘즉흥춤 워크숍’, ‘스티브라이히 마스터클래스’, ‘안성맞춤 매개자 집중 워크숍’, ‘친구들아 세계를 춤추자’, ‘멀티미디어 동화창작교실’, ‘그림자극 만들기’, ‘통합예술교육을 통한 연극놀이 워크숍’ 등 총 10개 강좌 64회에 1,787명이 교육에 참여하였다.[41]

학생을 대상으로 한 강좌는 통합적 예술체험교육으로 미래관객 개발을 위한 프로그램으로 개발되었고, 성인을 대상으로 한 강좌는 교사, 지역문화기반시설 종사자, 문화자원봉사자 등 문화촉매자, 문화매개자의 예술 체험과 워크숍을 통하여 지역 문화예술 활성화를 위한 프로그램의 성격을 지니고 있다.

대전예당은 공연장 전문 인력 양성을 목적으로 ‘공연예술연수생’ 프로그램을 운영하고 있다. 이 프로그램은 21세기 들어 관심의 대상이 되고 있는 예술경영 관련 프로그램으로, 19~30세 미만의 남녀를 대상으로 공연기획, 홍보·마케팅, 무대분야(음향, 조명, 장치, 감독, 기계) 등의 기초 소양 교육 및 실무교육을 실시하였다. 2004년에는 3월 2일부터 5월 11일까지 지역 내 무대예술 전문 인력 양성을 목적으로 ‘제1기 무대연수생’을 선발하여 교육하였고, 8월 23일부터 11월 8일에는 지역 내 공연예술 전문 인력 양성을 목적으로 ‘제2기 공연예술연수생’을 선발, 교육하였다. 총 2회에 걸쳐 총 55명 지원에 21명을 선발하여 교육을 실시하였고, 이 중 18명이 수료하였다.[42] 2005년에는 9월 12일부터 11월 7일에는 ‘제3기 공연예술연수생’으로 15명 지원에 7명을 선발, 교육하여 전원 수료하였다.[43]

40 대전문화예술의전당, 「2004년도 제4차 운영자문위원회 회의자료」(2004. 12. 20).
41 대전문화예술의전당, 「2005년도 제4차 운영자문위원회 회의자료」(2005. 12. 22).
42 대전문화예술의전당, 「2004년도 제4차 운영자문위원회 회의자료」(2004. 12. 20).
43 대전문화예술의전당, 「2005년도 제4차 운영자문위원회 회의자료」(2005. 12. 22).

2004년 문화예술교육강좌 현황

강 좌 별	기 간	인 원
미리 보는 마술피리	7. 21 ~ 7. 30	128명
다양한 음악의 세계	8. 4 ~ 9. 15	144명
즐거운 오페라 & 발레	8. 6 ~ 9. 17	187명
어린이 연극놀이 교실	8. 9 ~ 8. 13	150명
교육연극워크숍	8. 9 ~ 8. 13	111명
멀티미디어 동화창작교실	10. 22 ~ 2. 18	695명
즉흥과 신체훈련 통한 연극놀이	10. 30 ~ 11. 3	62명
엄마와 자녀가 함께하는 인형극 교실	11. 20 ~ 12. 4	102명
호두까기 인형 연계 발레교육	12. 10	58명
창의적 감성개발을 위한 예술교육 기획 워크숍	1. 13 ~ 1. 27	150명

2005년 문화예술교육강좌 현황

강 좌 별	기 간	인 원
모리스 베자르 워크숍	2. 12	23명
즉흥춤 워크숍	4. 19	24명
스티브라이히 마스터클래스	6. 12	114명
안성맞춤 매개자 집중 워크숍	6. 22 ~ 6. 25	9명
친구들아 세계를 춤추자	7. 8 ~ 7. 22	20명
멀티미디어 동화창작교실	8. 26 ~ 12.16	20명
그림자극 만들기	7. 19 ~ 7. 21	24명
통합예술교육을 통한 연극놀이 워크숍	10. 8 ~ 10. 29	22명

　　대전예당은 회원 제도를 운영하고 있는데, 이 제도는 회원에게 차별화된 여러 서비스를 통한 고정관객 확보 전략이기도 하다. 회원에게 주어지는 혜택으로는 공연안내 e-mail 서비스, 홈페이지를 통한 예매서비스, 비정기적 할인쿠폰 제공, 각종 이벤트 참여기회, 고객서비스센터 상시 운영 등의 고객서비스로 2004년 한 해 동안 약 2,500여 명의 회원을 확보하였고,[44] 2005년에는 14,172명으로 증대되었다.[45] 뿐만 아니라 2004년에는 3회 2,900여 명을 대상으로 고객만족도 평가를 위한 설문조사를 실시하여 관객자료의 데이터베이스화 및 성향분석으로 마케팅 효율 증대 및 고객서비스를 위한 전략에 반영하기도 했다.

　　2005년 하반기부터는 예술분야 영재 양성을 위한 음악영재 교육프로그램으로 '예술영재아카데미'를 운영하고 있다. 음악에 소질 있는 초·중학생을 대상으로, 대전예당이 구축한 물적 인프라를 활용하여 특성화한 전문교육 및 예술 소양 교육을 목적으로 한다.[46]

　　대전예당은 1년에 상·하반기로 나누어 크게 두 개의 공연페스티벌을 개최한다. 이 두 개의 페스티벌은 매년 정기적으로 이루어지는 공연축제로 대전예당을 상징하는 대표적인 프로그램이 되었다. 상반기에는 '스프링페스티발'을 개최하는데, 이 축제는 지역 공연단체들을 위한 축제이다. 대전예당이 표방하는 기능은 지역 공연문화창달을 위한 사업, 우수창작예술작품 개발, 지역공연단체 및 유망예술인 발굴 등인데, 스프링페스티벌은 이러한 취지에 부합한 공연축제이다. 스프링페스티벌은 지역에서 활동하고 있는 공연단체에 대해 초청 및 공동 기획제작의 형태로 무대를 마련해 줌으로써, 지역 공연예술단체의 역량 강화와 활성화에 기여한 프로그램이다.[47] 특히 오페라, 뮤지컬 등 대규모 공연제작비가 소요되어 민간공연단체로는 무대제작이 어려움이 있는 장르도 제작하였고, 음악, 연극, 무용 등 공연예술의 각 분야를 균

---

44 대전문화예술의전당, 「2004년도 제4차 운영자문위원회 회의자료」(2004. 12. 20).
45 대전문화예술의전당, 「2005년도 제4차 운영자문위원회 회의자료」(2005. 12. 22).
46 대전문화예술의전당, 「2005년도 제4차 운영자문위원회 회의자료」(2005. 12. 22).
47 대전문화예술의전당, 「2004 스프링 페스티벌 기획공연 공모사업 심의자료」(2004. 1. 15).

형 있게 안배함으로써 지역 공연예술의 균형발전에도 기여해 왔다.

스프링 페스티벌 공연 통계[48]

연도	공모신청단체			공모선정단체			공연기간
2004	34	음악	15	13	음악	9	3. 16~5. 9
		연극	10		연극	2	
		무용	9		무용	2	
2005	13	음악	6	5	음악	4	3. 31 ~ 5. 4
		연극	4		연극	1	
		무용	3		무용	0	
2006	27	음악	16	14	음악	9	3. 27 ~ 4. 30
		연극	6		연극	3	
		무용	5		무용	2	
총 계	74	음악	37	32	음악	22	
		연극	20		연극	6	
		무용	17		무용	4	

하반기에는 '그랜드페스티벌'을 개최하는데, 이 축제는 상반기와 달리 국내외의 지명도 있는 공연단체 및 연주자를 초청하여 지역 문화애호가들에게 수준 높은 공연예술을 제공하는 프로그램이다. 이 축제를 통하여 지역 문화애호가들은 서울 또는 외국에서나 관람할 수 있는 공연들을 지역에서 관람할 수 있었고, 대전을 서울 못지않은 중부 공연예술의 메카로 자리매

---

48 대전문화예술의전당, 「2004 스프링 페스티벌 기획공연 공모사업 심의자료」(2004. 1. 15); 대전문화예술의전당, 「2004년도 제2차 운영자문위원회 회의자료」(2004. 6. 10); 대전문화예술의전당, 「2005 스프링 페스티벌 우수작품 공모사업 심의자료」(2004. 12. 4); 대전문화예술의전당, 「2005년도 제2차 운영자문위원회 회의자료」(2005. 6. 9); 대전문화예술의전당, 「2006 스프링 페스티벌 우수작품 공모사업 심의자료」(2004. 12. 6); 대전문화예술의전당, 「2006년도 제2차 운영자문위원회 회의자료」(2006. 6. 8).

김할 수 있게 만들었다.

대전예당은 특정 애호가층을 대상으로 한 공연도 기획하였는데, '청소년음악회'와 '아침을 여는 클래식'이 대표적이다. 청소년음악회는 초중고 학생을 대상으로 한 프로그램으로, 대중음악 중심의 음악문화를 즐기고 있는 청소년들에게 클래식의 미적 세계를 경험케 함으로써, 균형 있는 음악문화생활와 미래 잠재고객의 확보라는 목표를 달성하고 있다. 이때에 레퍼토리는 학교 음악교과서에서 만날 수 있는 작품들로 선정하였고, 음악평론가 등 전문가의 해설로 이해를 돕게 하였다.

아침을 여는 클래식은 오전 11시에 개최하는 음악공연으로, 주로 이 시간대에 시간 활용이 가능한 주부층을 대상으로 한 프로그램이다. 이 프로그램은 실질적인 관객층을 고려하여 즐겁고 편안한 음악회로 콘셉트를 설정하였고, 때문에 저녁시간대의 음악회와 달리 무료로 커피와 쿠키를 제공하고 음악평론가의 전문 해설을 붙였다. 음악회의 카피 "화요일의 즐거운 외출, 눈부신 햇살 한줌과 한잔의 커피, 그리고 감미로운 음악"이 말해주듯 주부들이 일상에서 탈출하여 클래식을 통하여 자칫 메마를 수 있는 감성을 일깨우는 프로그램으로 자리 잡았다. 비록 음악애호가가 아니더라도 쉽게 공연을 찾을 수 있도록 유도하기 위하여 레퍼토리는 익히 알려진 곡들, 소품 및 다양한 장르로 구성하였고, 매달 둘째 주 화요일로 공연시간대를 고정하여 프로그램을 관객층에게 인식시키는 데도 성공하였다.

대전예당은 매년 오페라를 자체 제작하여 고정 프로그램화하고 있는데, 2003년부터 2006년까지 3년동안 모차르트의 오페라 <마술피리>를 매년 출연진을 교체하여 다른 연출, 해석의 작품으로 무대에 올리고 있다. 이 공연은 출연진을 지역 내외에서 균형 있게 선발함으로써 지역 음악가의 활동 및 역량강화에도 기여하고 있다.

대전예당은 개관 이후 지역 공연장 중 가장 높은 활용률을 보이고 있다. 2004년 재개관 이후(2004. 3. 26~12. 31, 가용일수 280일) 공연실적을 살펴보면, 대전예당의 자체기획과 외부 대관공연을 합해 155개 작품 263회의 공연이 무대에 올려졌다. 공연장의 점검기간, 연휴 등을 제외한 대공연장인 아트홀과 소공연장인 앙상블홀의 가용일수인 502일(아트홀 244일, 앙상블홀 258일)에서 아트홀 170일, 앙상블홀 193일 등 총 363일간 공연이 이루어진 것이다.[49] 비록 가동률은 72%이지만, 2004년 가용일수 280일을 기준으로 1일 1.3개의 공연이 무대에 올려진 것이다. 2005년에는 아트홀 121일, 앙상블홀 159일을 기록하였다.[50] 아트홀과 앙상블홀에서 동시에 공연이 이루어지는 날을 감안하더라도 1주일 5일 정도는 대전예당에 가면 공연을 볼 수 있는 것이다. 대전예당으로 인하여 이제 공연예술관람은 특별한 것이 아닌 일상의 문화가 된 것이다. 이것은 대전시민들이 그만큼 공연을 선택할 수 있는 폭이 확대되었음을 의미한다. 과학도시만이 아닌 문화예술도시로서의 대전을 표방함에 있어서 대전예당은 그 중심에 서 있는 것이다.

대전예당의 2004년 객석점유율은 아트홀이 96,723명으로 64.8%, 앙상블홀이 38,048명으로 60.1%, 야외공연 15,480명으로 93.9%, 총 공연 관객 134,771명의 객석점유율 62.4%(야외공연 제외)를 기록하였다. 2005년의 경우는 아트홀이 123,661명으로 63%, 앙상블홀이 57,798명으로 65.6%, 야외공연이 14,650명으로 91.8%, 총 공연 관객 181,459명의 객석점유율 64.3%(야외공연 제외)를 기록하였다. 한편 대관공연이 기획공연보다 객석점유율이 조금 높게 나타났는데,[51] 이는 대전예당의 기획공연과 대관공연의 마케팅의 차이에서 오는 결과이다. 대전예당

---

49 대전문화예술의전당, 「2004년도 제4차 운영자문위원회 회의자료」(2004. 12. 20).
50 대전문화예술의전당, 「2005년도 제4차 운영자문위원회 회의자료」(2005. 12. 22).
51 대전문화예술의전당, 「2004년도 제4차 운영자문위원회 회의자료」(2004. 12. 20).

은 자체 기획공연에 대해 초대권 없는 정책을 펼치고 있다. 언론의 공연리뷰를 위한 프레스 좌석을 제외하고는 어떠한 기획공연도 초대권을 발행하지 않고 있다. 이에 반해 대관공연은 대관단체의 자율에 의해 초대권이 발행되기도 한다. 따라서 실제로 대전예당의 객석점유율은 거의가 유료관객이지만, 대관공연은 무료관객도 상당수 있는 것으로 나타나, 대전예당의 기획공연 객석점유율이 대관공연에 비해 높은 수치를 기록한 것임을 알 수 있다. 기획공연의 초대권 없는 정책은 초대권 공연에 익숙해 있던 지역의 관람문화에 변화를 주었고, 결국 이는 공연티켓에 대한 시민들의 인식의 변화를 가져와 민간공연단체에도 영향을 줄 것으로 생각된다.

2004년 객석점유율[52]　　　　　　　　　　　인원(%)

	아트홀	앙상블홀	야외공연
공연횟수	109	144	15
관람객수	96,723	38,048	15,480
점유율	64.8%	60.1%	93.9%

2005년 객석점유율[53]　　　　　　　　　　　인원(%)

	아트홀	앙상블홀	야외공연
공연횟수	138	180	16
관람객수	123,661	57,798	14,650
점유율	63%	65.6%	91.8%

52 대전문화예술의전당, 「2004년도 제4차 운영자문위원회 회의자료」(2004. 12. 20).
53 대전문화예술의전당, 「2005년도 제4차 운영자문위원회 회의자료」(2005. 12. 22).

공연의 성격을 살펴보면, 2004년에는 기획공연 63개 작품 145회 공연, 대관공연 92개 작품 118회의 공연을 올렸으며, 2005년의 경우 기획공연 76개 작품 122회 공연, 대관공연 177개 작품 213회의 공연을 올렸다. 기획공연이 작품 수에 비해 공연 횟수가 많은 것은 민간 대관 공연이 여건상 올리기 힘든 오페라, 뮤지컬, 연극 등 대형 무대를 올렸기 때문이다. 이러한 공연은 한 번 무대를 만들면 며칠동안 계속 공연하는 장르의 특성 때문이다. 공연작품 수와 공연 횟수가 가장 많은 장르는 기획공연, 대관공연 모두 합쳐 음악으로 나타났는데, 이는 대전 예당의 개관이 타 장르에 비해 지역 음악계에 많은 영향을 미치고 있음을 의미한다.

2004년 공연 횟수의 장르별 통계[54]

	장 르	작 품 수	공연횟수
공연 기획	음악	32	34
	오페라	3	13
	뮤지컬	3	22
	재즈	2	2
	연극	13	51
	무용	11	24
대관 공연	음악	78	79
	오페라	1	3
	뮤지컬	1	4
	연극	3	11
	무용	9	21

---

54 대전문화예술의전당, 「2004년도 제4차 운영자문위원회 회의자료」(2004. 12. 20).

2005년 공연 횟수의 장르별 통계[55]

	장 르	작 품 수	공연횟수
공연 기획	음악	39	40
	오페라	4	12
	뮤지컬	4	11
	재즈	7	12
	연극	11	24
	무용	10	22
대관 공연	음악	140	141
	오페라	3	7
	뮤지컬	1	4
	연극	21	42
	무용	12	19

❷ 대전문화예술의전당 개관 이후 대전음악사회의 변화

① 생산체계의 변화

대전예당의 개관은 지역음악공연의 생산조건을 변화시켰다. 대전예당의 훌륭한 무대조건, 운영정책은 지역 공연계의 생산체계의 변화를 가져왔는데, 변화들은 다음과 같다.

첫째, 훌륭한 무대기능, 음향 및 조명 등은 공연자들에게 최상의 무대 조건을 제공하였다. 지역에는 시립연정국악문화회관(구시민회관), 평송청소년수련원 대강당, 엑스포아트홀, 충남대국제문화회관 정심화홀, 목원대 대덕문화센타(구대덕과학문화센타), 우송예술회관, 배재대

21세기관 콘서트홀 등의 공연장이 있지만, 대전예당만큼 좋은 무대조건을 제공하지 못하고 있다. 대전예당이 제공하는 무대조건인 최첨단의 무대기능, 다양한 연출이 가능한 조명장치, 최상의 음향조건 등은 공연자들로 하여금 예술적 역량을 충분히 발휘할 수 있게 해 주었고, 리허설 시 무대 요원들은 성공적인 공연을 위한 무대사항들을 체크해 주어 충실한 리허설이 되게끔 뒷받침해 주었다.

둘째, 관객 안내를 통하여 공연 분위기를 최상으로 조절해 주었다. 타 공연장은 공연 중에도 관객의 통제가 이루어지지 않아 공연자들이 공연에 집중하지 못하게 되는 상황이 종종 발생해 왔다. 그러나 대전예당은 하우스매니저의 적절한 관객 안내를 통하여 공연 시에 방해가 되는 여러 사항들을 통제함으로써 공연 분위기를 해치는 객석의 문제들을 제거해 주었다.

셋째, 연주 성격에 알맞은 공연홀의 선택을 제공하고 있다. 대전예당에는 객석 1500석 규모의 아트홀과 650석 규모의 앙상블홀을 가지고 있다. 아트홀은 300여 명이 동시출연 가능한 무대, 120여 명의 오케스트라를 수용할 수 있는 피트, 경사무대 시스템과 회전무대기능을 보유한 대 공연장으로, 오케스트라와 대합창단은 물론 그랜드 오페라, 발레, 뮤지컬 등의 전문 공연기능을 효율적으로 수행할 수 있는 공간이다. 앙상블홀은 60명 규모의 오케스트라 피트, 112석 규모의 가변 객석무대로 구성되어, 소규모 공연을 소화할 수 있는 홀이다. 특히 가변객석무대는 원형 돌출무대로 이용할 수 있도록 설계되어 관객과의 친밀도가 높아 연주자와 관객이 함께 호흡할 수 있는 무대를 연출할 수 있다. 주로 소규모 뮤지컬, 연극, 무용, 실내악, 독주회 등이 가능한 공간이다. 그러나 타 공연장은 800~1500석 규모의 단일 공연홀 규모로 구성되어, 소규모 무대 공연이라도 선택권 없이 대공연장에서 공연해야 하는 문제가 있었다.

이는 무대를 만드는 공연자뿐만 아니라 관객의 입장에서도 좋은 관람조건을 해치는 것이었고, 경제적으로도 부담을 가중시켰다. 대전예당은 공연의 성격과 규모에 따라 적절한 공연홀의 선택권을 제공하고 있으며, 특히 앙상블홀의 대관료는 타 공연장의 40% 가격이어서 공연자의 입장에서는 대관 예산의 절약에도 기여하고 있다.

넷째, 대관심의제를 통하여 전문공연장화 정책을 펼침으로서, 전문공연단체에 우선 대관하는 혜택을 주고 있다. 당시 대전예당의 건립이 계획될 당시의 당위성은 지역에 전문공연장의 확보였다. 대전예당의 건립 계획 당시 이미 지역에는 여러 공연장이 있었으나,[56] 공연자와 관람자 모두 공연장의 질, 전문성에 목말라했다. 이에 따라 대전예당은 지역에 단지 또 하나의 공연장이 아닌, 타 공연장과 구분되는 국내 최고의 공연시설을 갖춘 전문공연장으로 건립되었다. 따라서 전문공연단체에 우선 대관되어야 공연장의 목적을 달성할 수 있는 것이다. 전문공연단체의 공연이 아닌 아마추어의 공연은 타 공연장을 사용하여도 되기 때문이다. 물론 전문공연 이외의 행사나 아마추어 공연도 대전예당에서 하면 훌륭한 무대와 객석 분위기 때문에 좋은 성과를 거둘 수 있다. 그러나 그동안 지역 공연장이 많음에도 공연예술계에서 원한 것은 전문공연장이었다. 대전예당의 개관 목적이 전문공연장을 지향한 만큼 지역 공연예술계의 발전을 위해 전문공연단체에 우선 대관되어야 하는 것이다. 이는 공연장의 브랜드화정책과도 맞물린다. 대전예당의 공연은 대관심의를 통과한 질 높은 전문공연이라는 인식을 시민들에게 주게 되기 때문이다.

다섯째, 스프링페스티벌, 청소년음악회, 기획오페라 등에서 지역 공연단체와 음악가의 초청공연을 통하여 지역 공연계의 실제적인 지원을 하고 있다. 국가에서 공연예술의 활성화를 위

---

56 지역 다목적 공연장의 개관상황을 살펴보면, 1979년에 시민회관, 86년에 한남대 성지관, 92년에 우송예술회관, 93년에 엑스포아트홀과 대덕과학문화센타, 97년에 평송청소년수련원, 99년에는 배재대 21세기관, 2000년에 충남대정심화홀이 개관되었다. 대전예당의 착공 당시(96년) 이미 배재대 21세기관과 충남대정심화홀을 제외하고는 개관되어 공연장의 기능을 하고 있었던 것이다. 이외에도 대전지역의 공연이 가능한 시설은 총 52개가 있다. 대전발전연구원, 『대전문화예술 중장기발전계획』(대전광역시, 2004), 80~85쪽.

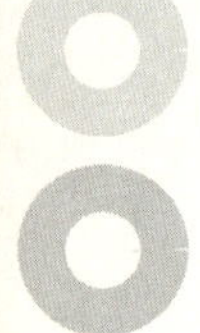

해 공연단체에 보조하는 문예진흥기금은 예산상의 문제로 그 액수가 적어 공연단체들이 좀 더 많은 지원을 갈망해 왔다. 그런데 대전예당은 스프링페스티벌, 청소년음악회 등 공연단체에 공연비 전체를 지불하는 초청무대를 통하여 지역 공연단체 지원정책을 펼치고 있다. 뿐만 아니라 지역 연주자 개인 및 작곡가에 대한 무대도 마련해 줌으로써 지역공연시장의 활성화 및 소외 장르에 대한 지원도 펼치고 있다.

여섯째, 대관심의제와 스프링페스티벌은 지역 공연단체의 체계화, 전문화를 촉진하는 요인이 되었다. 대전예당의 대관은 1년 전에 예약 공고를 낸다. 이는 지역 공연단체 및 공연자로 하여금 보다 체계적인 계획을 세워 잘 준비된 공연을 유도하는 계기가 되었다. 스프링페스티벌은 철저한 기획서 심사와 공연녹음심사를 통하여 선정, 초청한다. 그런데 그간 지역의 상당수 공연단체들은 공연만 할 줄 알았지, 공연을 기획하고 관리하는 할 줄은 알지 못했다. 기획이 체계적이지 많으면 공연 제작과정이 문제되어 좋은 작품이 나오지 못한다. 뛰어난 연주력으로 좋은 공연을 제작하였다 하더라도 홍보와 마케팅에서 한계를 드러내어 공연의 가치를 인정받지 못하기도 한다. 따라서 초청 공연의 심의과정은 지역 공연단체로 하여금 공연에 대한 체계적인 기획의 필요성을 인식케 하였고, 수준 높은 공연만이 초청된다는 인식을 통하여 악단의 전문화를 촉진하는 계기가 되었다. 지역의 공연시장이 활성화되기 위해서는 여러 문제들이 개선되어야 하겠지만 공연단체와 공연에 대한 경영학적 마인드의 실천적 인식이 요구되는데, 대전예당의 정책은 이 변화를 주도하는 요인이 되었다.

한편 위와 같은 긍정적인 생산조건에도 불구하고 대전예당의 공연, 대관정책에 대한 비판이 있어 왔다. 첫째, 대전예당을 제외한 타 공연장의 공동화에 대한 우려이다. 대전예당의 개

관 이후 시립연정국악문화회관, 평송청소년수련원 대강당, 엑스포아트홀, 충남대국제문화회
관 정심화홀, 목원대 대덕문화센타, 우송예술회관, 배재대 21세기관 콘서트홀 등에서 개최되
던 전문공연들이 거의 대전예당으로 무대를 옮겼다. 이에 따라 타 공연장이 공동화됨으로써
그 공연장 지역의 문화소외도 문제시되고 있다. 특히 동구와 중구의 공연장은 공동화가 더욱
심각한데, 그것은 둔산과 노원지역 등 신도심의 개발에 따른 구도심 공동화와 맞물려 심화되
었다. 그러나 시에서 공연장 공동화 해소정책의 시행은 쉽지 않은 것으로 생각된다. 그것은
상당수의 공연장이 시의 소유가 아닌 대학교 소유라는 점 때문이다. 소유자인 대학에서 그
공연장은 시민을 위한 공간이 아닌 일차적으로 학교에서 활용키 위한 것이기에, 시에서 정책
세우기에 한계를 갖는 것이다. 뿐만 아니라 타 공연장의 기피 문제는 좋은 무대조건 외에도
체계적인 무대인력 지원과 관객 서비스가 제공되지 않는다는 점도 한 몫을 하기 때문이다.
시는 이 문제에 대해 신구 도심간 균형발전을 통해 문화인프라의 균형감을 갖추어간다는 대
전문화예술 중장기발전계획을 수립하여 해결을 계획하고 있다.[57]

둘째, 대전예당의 대관정책에 대한 공연단체의 비판이다. 앞에서 언급했듯이 대전예당의
건립 계획 당시의 당위성은 지역 전문공연장의 확보였다. 대전예당의 건립 계획 당시 이미
지역에는 여러 공연장이 있었지만, 공연예술가나 관람객 모두 질 좋은 공연장, 전문화된 공연
장의 부재에 목말라했기 때문이다. 당시 서울예술의전당은 가장 부러움의 대상이었다. 이에
따라 대전예당은 지역의 타 공연장과 구분되는 국내 최고의 공연시설을 갖춘 전문공연장으로
건립되었고, 전문공연단체에 우선 대관되어 지역 공연계의 활성화에 기여함으로써 공연장의
목적을 달성할 수 있는 것이다. 그러나 전문공연 이외의 행사와 아마추어 공연 등을 제한하

면서 시민의 자격으로 누구나 아무 공연이나 대관할 수 있어야 한다고 비판이 제기되기도 했다. 하지만 이러한 비판은 처음 대전예당 건립의 취지를 망각하는 것으로서, 결국 대전예당을 이 지역의 다른 공연장과 구분되지 않는 행사용 공연장으로 전락시킬 가능성이 높다고 말할 수 있다.

셋째, 공연 시 여러 규정에 대한 공연단체의 불만이다. 대전예당은 최상의 공연조건과 관람 분위기 조성을 위해 여러 규정을 두고 있다. 이 규정은 보다 질 높은 공연을 만들기 위한 제도적 장치이다. 그러나 그동안 지역 타 공연장에서 자유로운 공연장 문화에 익숙한 지역 공연단체들은 그 규정에 대해 활동을 제약하는 통제로 받아들인 것이다. 원활한 공연을 위한 장치를 규제와 통제로 보는 인식의 차이인 것이다. 따라서 지역 공연단체는 인식의 전환이 필요하며, 대전예당도 그동안 지역의 상황을 고려한 유연한 정책으로 충격이 덜한 정책시행이 요구된다.

넷째, 대전예당의 기획공연으로 말미암아 지역 악단의 객석점유율이 점점 줄어든다는 비판이다. 이는 생산자보다는 지역 악단에 대한 시민들의 인식과 선택의 문제이기도 하지만, 지역 악단의 기획력의 문제이기도 하다. 2000년 이후 지역의 공연단체는 양적뿐만 아니라 질적으로도 서울에 버금가는 단체가 생겨났으나, 역시 시민들의 외면을 받았다는 사실로 미루어볼 때 결코 연주력의 문제만이 아님을 알 수 있다. 공연예술도 생산·소비의 구조를 갖는 상품이다. 아무리 좋은 공연이라도 수용자가 관심을 갖지 않는다면 사장되는 것이다. 생산만 해 놓으면 소비된다는 생각은 버려야 한다. 공연단체들은 생산에 노력하는데 수용이 되지 않는다고 푸념한다. 그들은 문화예술의 향유구조를 생산으로만 단순화시킨다. 동일한 질의 다른 상품이라도 그것을 어떻게 홍보·마케팅 했느냐에 따라 소비가 달라진다는 점을 생각하면, 생산자인 예술가들은 발상의 전환을 하여야 한다. 대전예당은 전문 홍보·마케팅팀을 두고 공연기획을 수행하는 것에 반해, 민간악단은 이러한 노력이 거의 없다. 지역 악단의 예술경영에 대한 인식과 노력의 변화가 절실하다고 할 수 있다.

다섯째, 지역 공연단체에 대한 좀 더 많은 배려와 초청 및 공동제작을 통한 지원체제의 보강이다. 대전예당은 공모를 통하여 지역 공연단체만을 초청하는 스프링 페스티벌과 부정기적 지역 공연단체의 초청 공연을 시행하고 있다. 그러나 지역 공연계의 비판은 대전예당의 총 공연예산 대비 지역 공연단체의 초청예산의 비율이 너무 낮다는 것이다. 대전예당의 공연비의 상당이 외부 초청공연에 집중되고 있다는 것이다. 이것은 지역 공립 공연장으로서의 지역 공연문화에 대한 공공성의 문제제기라고 할 수 있는데 이것은 대전예당이 새겨들어야 할 비판이라고 생각된다.

여섯째, 시민의 세금으로 지은 공간임에도 오히려 시민들에게 문턱이 높고, 일부 계층에 편중된 시스템이라는 비판이다. 즉 대전예당의 티켓 가격에 대한 비판의 소리이다. 한국이 사회주의체제의 국가가 아닌 이상 모든 것에 비용을 지불해야 한다. 철도나 전화, 전기, 우편 등 국가에서 국민의 세금으로 운영하지만(물론 일부는 공사화되었지만), 사용에 대한 요금을 지불한다. 그러나 그 비용은 민간기업이 운영하는 것만큼 받진 않는다. 대전예당의 공연도 시민의 세금으로 운영한다고 모두 무료로 할 수는 없는 것이다. 기본적으로는 세금으로 운영되지만, 특별히 그것을 더 이용하는 사람은 이용비용을 지불해야 하는 것이다. 대전예당은 초청공연비의 적자를 최소화하는 정도에서 요금을 정하기에, 서울예술의전당과 동일한 공연을 대전에 유치할 경우 서울보다 입장권이 저렴하다. 그러나 외부 초청공연의 경우 동일한 시 산하 공연단체인 대전시립예술단의 공연에 비해 입장권이 비싼 편이다. 이 때문에 비슷한 예산을 투입하면서도 시립예술단에 비해 공공성의 문제가 제기되는 것이다. 지역 공립 공연장이기에 지역 공연문화에의 기여와 공공성을 다시 생각해 보아야 할 것이다.

② 수용체계의 변화

대전예당의 개관은 대전공연예술계에 생산조건뿐만 아니라 수용체계에도 영향을 주었다. 대전예당의 개관과 운영정책으로 인하여 관람객들의 공연예술 수용체계가 어떻게 변화했는지 살펴보자.

첫째, 대전예당은 지역의 그 어느 공연장과 비교해서 훌륭한 관람조건을 제공하였다. 특히 시민들의 불만이 많았던 음악공연에서의 음향의 문제는 감상자가 원하는 수준에까지 근접하였다. 대전예당의 음향은 국내 정상의 수준이다. 서울예술의전당과 비교할 때 아쉬운 부분이 있는 것이 사실이지만, 건축의 특성상 음향이 자리 잡기 위해 몇 년의 시간이 필요함을 감안한다면, 향후 몇 년 후에는 국내 어떤 공연장과 비교해도 손색이 없으리라고 생각된다. 뿐만 아니라 앙상블홀의 객석 배치는 국내 그 어느 소규모 공연장에서도 느낄 수 없는 무대와의 일치감, 상호소통이 가능한 훌륭한 홀이다.

둘째, 수준 높은 기획공연의 유치로 서울에 대해 갖는 지방공연문화의 콤플렉스를 해소시켜 주었다. 대전예당의 기획공연들은 지역 공연애호가들이 서울예술의전당이나 세종문화회관에까지 가서 공연을 관람하던 문화적 갈증을 상당부분 해소시켜 주었다. 서울에 가지 않더라도 세계적인 악단, 솔로이스트의 연주를 대전에서 관람할 수 있게 되었고, 특히 대전에서만 이루어지는 공연의 경우 중앙 부럽지 않은 문화적 경험을 제공해 주었다. 예컨대 2005년 있었던 세계적인 현대 발레단 모리스 베자르 발레단의 초청 기획공연은 대전예당에서만 국내 단독 공연함으로써 서울과 일본에서 공연 관람을 위해 대전에 내려오는 현상이 나타나기도 했다.

셋째, 체계적인 관객 서비스로 공연장을 보다 편안하게 이용할 수 있게 하였다. 현대가 핵가족 시대라는 점을 감안하여 공연관람이 불가능한 연령의 아이들을 위해 공연관람 시간동안 아이를 돌봐주는 무료 어린이놀이방을 운영하여 젊은 주부들의 고민을 해소해 주었다. 뿐만 아니라 직접 좌석 선택이 가능한 인터넷 예매서비스와 대전예당에서 이루어지는 공연과 행사의 정보 그리고 커뮤니티를 묶어주는 인터넷사이트를 운영함으로써 대전예당에 대한 공연정보의 접근을 쉽게 해 주고 있다.

넷째, 특정 관객층을 위한 기획공연을 개최함으로써, 그들의 음악적 공감을 이끌어내고 있다. 대표적인 프로그램으로 '청소년 음악회'와 '아침을 여는 클래식'이 있다. 청소년 음악회는 미래의 음악애호가를 위한 프로그램으로, 학교에서 배운 쉬운 레퍼토리와 전문 해설가의 안내로 클래식음악이 주는 즐거움을 청소년들에게 경험케 해 주고 있다. 아침을 여는 클래식은 아침시간대에 시간활용이 가능한 주부들을 대상으로 한 프로그램으로, 음악이 주는 즐거움과 편안함을 통하여 삶의 여유를 갖게 만들려는 취지의 공연이다. 이를 위해 저녁시간대의 일반 공연과 달리 무겁지 않은 레퍼토리와 음악평론가의 쉬운 해설, 그리고 차와 쿠키를 제공하는 등의 관객서비스를 펼치고 있다.

다섯째, 공연 외에 여러 공연예술관련 문화강좌를 개최함으로써, 깊이 있는 공연관람을 위한 접근방법을 제공해 주고 있다. 뿐만 아니라 청소년과 교사를 위한 예술프로그램을 통하여 학교 내에서 이루어질 수 없는 예술경험을 제공해 주고 있다.

여섯째, 대전예당의 기획공연 및 심의를 통해 이루어진 대관공연의 높은 예술적 완성도로 말미암아 대전예당에서 이루어지는 공연에 대해 시민들이 신뢰를 가질 수 있게 해주고 있다.

일곱째, 하우스매니저의 적절한 안내 서비스로 인하여 시민들의 관람문화에 대한 인식변화가 일어났다. 엄격한 공연시간, 공연 및 관람분위기 형성을 위한 안내 등을 통해 관람예절에 대한 인식의 변화가 일어났다. 대전예당의 규칙과 안내가 통제처럼 느껴지지만, 좋은 공연분위기를 조성을 위한 것임을 인식하여 그 규칙에 자율적으로 따르고 있다. 이는 다른 공연장에서는 종종 문제를 일으키는 사항이기도 하지만, 대전예당을 찾는 시민들은 이제 당연한 것으로 여기는 관람문화가 정착되었다.

여덟째, 초대권 없는 공연문화의 형성이다. 그동안 지역 공연 중에는 매표권보다 초대권이 많이 발행된 공연이 있었고, 매표보다 먼저 초대권을 구해보려는 인식이 있던 것도 사실이었다. 이는 결국 공연단체의 경제적 부실로 이어졌다. 대전예당은 자체 기획공연에 대해 언론홍보를 위한 프레스 좌석을 제외하고는 초대권 발행을 금하는 정책을 펼쳐왔다.[58] 이로 인하여 초기에는 그동안 초대권의 혜택을 보았던 계층의 인사들로부터 불만의 소리가 있었지만, 이제는 공연은 당연히 합당한 비용을 지불하는 것이라는 인식이 정착되었다. 이 효과는 결국 생산자인 공연예술가들에게 돌아가게 됨으로써 지역 공연문화의 활성화에 기여하게 되었다.

2003년 10월 1일 전문공연장인 대전예당의 개관 이후, 지역 시민들은 다른 공연장에서와는

---

58 대관공연은 매표에 있어 대관한 공연단체의 자율이기에 여전히 초대권이 존재하고 있는 상황이다.

다른 차원의 관객서비스를 받았고, 지금까지와는 다른 관람문화가 형성되기 시작했다. 대전 예당의 개관은 공연예술인들에겐 최상의 생산조건이 마련된 것이며, 시민들에겐 최상의 관람 조건이 마련된 것이다. 대전예당은 단지 대관기능이 아닌 기획공연장으로 운영됨으로써 지역 의 역량 있는 공연단체들과의 공동제작 및 초청을 통하여 지역 공연단체의 활성화에 기여하 였다. 대전예당의 개관은 단지 물적 인프라의 구축뿐만 아니라, 운영에서 지역 공연생산의 활 성화와 새로운 관람문화를 정착시킨 것이다.

그동안 대전예당에서 개최된 공연의 상황을 보면, 대전예당의 개관은 지역 공연예술의 르 네상스를 여는 계기가 되었다. 물론 지역 공연예술의 르네상스의 도래에는 2000년대 들어 새 롭게 등장한 공연예술가들의 인적 인프라의 확대와 함께 대전예당의 훌륭한 생산조건이 새로 등장한 인적 인프라의 공연 욕구를 갖게 만든 요인이기도 했다. 그간의 대전예당의 기획들은 중앙에 뒤지지 않는 대전공연문화만들기의 한 작업이기도 했다. 대전예당의 운영정책에 따른 대전음악사회의 생산과 수용체계의 변화는 지역 공립 공연장의 운영정책이 어떻게 지역음악 사회에 영향을 미치는지 보여준 좋은 사례라 할 수 있을 것이다.

3. 공연문화콘텐츠 생산 단체

(1) 시립 공연단체 운영 현황

한국사회의 모든 활동과 연구는 서울 중심이어서, 각 지방의 지역 문화는 한국 문화의 한 장을 차지함에도 불구하고 소외되어 왔다. 지방자치제 이후 지역문화에 대한 관심이 높아져, 지역문화는 더 이상 서울의 부수적인 문화가 아닌 적극적인 자치정체성을 갖는 문화로 태어나고 있다.

국가적 차원에서 지역문화를 지원하는 정책 중의 하나가 바로 시립예술단이다. 서울과 달리 지역은 공연시장이 활성화되지 못하여 시립예술단이 유일한 전문공연단체인 것이 현 상황이다. 시립예술단은 지역의 문화향수층에게 공연문화를 제공함으로서 지역시민의 문화적 욕구를 충족시켜 문화적 불균형을 해소하고 지역 공연 인구의 저변확대를 통한 공연문화 활성화에 긍정적인 영향을 끼치고 있다. 또한 지역의 공연예술가에게 활동의 장을 제공하기도 한다. 곧 시립예술단은 그 지역의 공연문화를 이끌어가는 역할을 하고 있는 것이다.

하지만 지역의 시립예술단은 중앙의 국·공립 단체에 비해 열악한 조건 하에서 운영되고 있다. 지방자치단체의 재정 지원으로만 운영하다보니 예산상의 어려움을 겪고 있으며, 이는 공연의 횟수와 완성도 문제로 나타난다. 뿐만 아니라 지역 경제구조의 한계로 기업을 대상으로 한 후원 확보에도 어려움을 나타내고 있다.

그럼에도 불구하고 일부 시립예술단체는 성공적인 운영 사례를 보여주고 있다. 예컨대, 대전시립합창단은 2000년대 들어 운영체계의 개선을 통하여 매 공연 전석 매진을 기록하고 있으며, 서울아트마켓에 선정되는 등 운영의 모범적인 사례로 주목받고 있다.

본 장에서는 대전시립합창단의 운영 체계 및 현황 분석을 통하여 지역 시립예술단의 운영 사례를 살피고, 이를 바탕으로 더 나은 발전을 위해 해결해야 할 운영상의 문제점이 무엇인지를 파악하여 개선 방안을 제시하고자 한다. 그리하여 동일 여건의 지역 시립예술단의 성공적인 운영을 위한 방향을 제시하고자 한다.

❶ 대전시립합창단의 조직 구성

대전시립합창단의 단원 조직체계를 살펴보면 예능단원과 사무단원으로 나누어져 있다. 예능단원은 예술감독을 겸직하며 단순히 레퍼토리의 구성과 지휘뿐만 아니라 합창단의 모든 공연 및 행정을 총 관장하는 상임지휘자와 트레이너・수석반주자・부수석반주자・수석단원・차석단원・상임단원으로 나뉘며, 소프라노・알토・테너・베이스 파트로 나뉜다.

사무단원은 90년대 이전, 단원이 단무장을 맡아 연주와 행정을 같이하는 형식에서 90년에 단무장과 총무가 생겨나면서 기획과 행정 부분 쪽은 대부분 나누어졌으나, 재정, 마케팅과 홍보부서는 분리되지 않은 채, 공연의 기획 및 제작, 홍보, 마케팅 모두를 단무장이 일괄적으로 처리하였다. 이러한 조직구성은 직원의 과다한 업무량과 비전문성을 초래하였으며, 그 효율성이 떨어질 수밖에 없었다. 이후 1992년에는 단무장과 총무, 홍보담당으로 확충되었고, 1998년에는 단무장이 사무국장으로 명칭이 변경되면서 총무, 홍보담당, 마케팅담당으로 분리되었다. 2006년 대전광역시립예술단 조례상의 사무인원 직제체제에 의하면 사무국장・기획담당・마케팅담당・홍보담당・총무・악보담당으로 전문화・세분화된 체계를 이루고 있지만 사무단원이 부족하여 담당을 두 가지 이상 겸직하고 있는 문제점이 있다. 그럼에도 불구하고 대전시립합창단은 성공적인 공연을 통해 모범적인 사례들을 보여주고 있다. 현재 대전광역시립예술단의 조례상 사무인원의 체제가 갖추어졌으므로 앞으로 전문인원의 확충은 어렵지 않은 일이라고 본다.[59]

이외에 대전광역시립예술단 「설치조례」 제4조 1항에 의하여 자문위원회를 두고 있다. 자문위원회는 시립예술단의 기본적인 계획 및 운영에 있어서 각계 전문인사의 의견의 청취·반영에 목적을 두고, 위원장과 위원 10명 이내로 구성한다. 위원장은 문화체육국장이 되고, 위원은 관련분야별 전문가로 하며 시장이 위촉한다. 위원의 임기는 2년으로 하고, 간사는 문화예술과장이 되며, 서기는 담당사무관으로 한다.[60] 또한 단 내부의 원활한 운영을 위해 단원들로 구성된 운영협의회를 운영하고 있으며, 단원과 예술 감독, 사무국간의 갈등 사항의 협의적 협력방안을 제시하고 수렴, 개선해 나가는 역할을 담당한다.

❷ 재정 지원 규모

국·공립예술단체의 재정적 구조는 일반적으로 자치단체의 예산계획에 맞춰 수입(세입)과 지출(세출)을 배분하도록 되어 있다. 대전시립합창단 역시 필요 경비는 매년 시의 예산에서 충당된다. 대전시립합창단은 공연입장권 판매수입, 외부공연 출연금 등을 세입으로 하고 인건비, 공연사업비, 단체운영비 등은 세출로 계획하여 당해 연도 예산에 맞춰 단체를 운영하고 있다.

전국의 시립합창단 세출예산의 항목 중 가장 큰 비중을 차지하는 부분이 인건비이다. 이러한 재정구조는 몇 가지 문제점을 가지고 있는데, 상대적으로 공연사업비가 차지하는 비율이

---

59 타 지역 시립예술단은 사무국장·총무·홍보담당·악보담당이 일반적인 사무단원 구성체계이다.
60 문화예술과, 「대전광역시립예술단 설치조례」(2006).

낮기 때문에 공연의 질적 향상을 위한 투자 비중을 높이는 데 장애가 되고 있다.

2006년 광역시별 시립합창단 예산 내역 비율[61]　　　　　　　　　　　　　　　　　　　　　　　(단위 : %)

구분	인천	부산	대전	대구	광주	울산
인건비(%)	84	91	72	86	91	93
공연비(%)	16	9	28	14	9	7

　광역시별 예산규모(인건비 / 공연비)를 살펴보면, 예산액 중 인건비가 차지하는 비중이 80 ~93%이고 공연비는 20% 이하의 분포를 보인다. 예산액에 대한 공연수입의 자립도는 평균 1.83%이며 대전(2.8%), 광주(2.1%), 대구(2.0%), 부산(1.7%), 인천(1.3%), 울산(0.9%) 순으로 나타나고, 총 예산 중 인건비 대 공연비 비율은 타 시립합창단에 비해 대전이 가장 높은 것으로 나타났으며, 일례로 2006년의 예산은 아래의 표와 같았다.

2006년 대전시립합창단 예산 현황[62]　　　　　　　　　　　　　　　　　　　　　　　(단위 : 백만원)

예산액	인건비	공연비	인건비 대비 공연비
2,188	1,709	479	72 : 28

　다음 표와 같이 광역시별 수석 및 상임단원을 총괄하여 예능단원 1인 인건비는 연평균 21.5백만 원이며, 인천 32.8백만 원, 대전 22.7백만 원, 대구 19.1백만 원, 울산 17.8백만 원 순

---

61 대전시립합창단 사무국, 「내부보고자료」(2006).
62 대전시립합창단 사무국, 「내부보고자료」(2006).

이며, 인천이 예술단원 1인 인건비가 가장 높은 것으로 나타났다.

2006년 광역시별 시립합창단 1인당 평균 인건비   (단위 : 백만원)

구분	인천	대전	대구	울산
인건비	32.8	22.7	19.1	17.8

지역 시립예술단의 운영비에서 총 지출 대비 수입의 비율은 상당히 낮다. 인건비가 차지하는 비율을 제외하더라도 공연예산비에도 못 미치고 있다. 국·공립 예술단체는 재정을 전적으로 국고와 지방고에 의존하고 있기 때문에 적극적인 마케팅이나 재정확보를 위한 노력이 필요하다.

그러나 매 공연 거의 매진사례를 이루는 대전시립합창단의 경우로 보아서는 관객개발의 문제보다는 공공성을 추구하는 국·공립 예술단체의 특성상 무료 공연 또는 공연입장료를 높게 책정하지 않아 저렴한 가격으로 관람기회를 제공하기 때문에 공연수입이 낮아진다는 점도 감안이 되어야 할 것이다.

❸ 공연 형태 및 프로그램 현황

대전시립합창단 공연의 종류는 크게 정기연주회, 수시연주회, 특별연주회, 외부·해외연주회로 구분된다. 공연 형태는 공연이 행해지는 장소, 연주되는 프로그램의 성격, 공연기획의 의도, 대상 관객에 따라 나뉜다.

　　정기연주회는 매년 정기적으로 계획을 세워 개최하는 공연형태로 연간 4회 정도의 공연을 하고 있다. 일반적으로 공연의 주제를 내세워 연주곡을 선정하게 되며 위촉곡이나 창작곡, 국내 초연곡 등 합창단의 특성을 가장 잘 표현할 수 있는 공연형태로 예술성 높은 곡들을 중심으로 연주된다. 연주회 제목은 단순한 정기연주회가 아닌 매 공연마다 그 특색에 맞게 타이틀이 정해진다. 예를 들어, '멘델스존의 위대한 오라토리오 "엘리야"', '바흐, 그 거룩함과 영원함', 'New Chorus & Harmony', '합국 합창의 이면동색' 등과이 있는데, 이는 공연의 주제와 프로그램을 상징할 뿐 아니라, 공연의 특색을 미리 파악할 수 있는 장점을 가지고 있다. 프로그램은 정통 합창음악 위주로 선곡되었고 아카데미즘을 추구하는 정기연주회의 성격을 보여준다.

　　수시연주회는 정기적인 기간을 두고 일정한 계획을 세워 연주되는데, '찾아가는 음악회'가 이를 대표하는 공연형태이다. 이는 문화예술공연을 쉽게 접할 수 없는 지역과 계층을 직접 찾아가는 프로그램으로, 다른 공연형태와 구별되는 점은 연주회 자체보다는 관객, 대상을 중심으로 하며 수익을 목적으로 하지 않는다는 것이다. 연주회의 장소로는 공연장뿐만 아니라 다중집합장소, 아파트 지역, 사회복지시설, 병원, 산업시설, 교정시설 등이 있는데, 사회 소외계층의 문화욕구를 충족시켜 줌으로써 지역문화에 기여하는 사회에 꼭 필요한 형태의 공연이라 하겠다. 대전시립합창단은 2006년 현재 기준 연 40여 회 이상의 찾아가는 음악회를 마련하고 있다. 이는 타 시립합창단에 비해 현저히 높은 것으로 나타났다. 현재까지 찾아갔던 장소로는 효광직업보도원, 대전의료소년원, 독립기념관 겨레의 집, 보문산 야외음악당, 성애노인요양원 등이었으며, 프로그램으로는 한국가곡과 외국민요, 성가모음곡 등 가볍고 편안하게 합창음악을 즐길 수 있는 프로그램으로 구성되었다.

특별연주회는 정기연주회와 비슷한 형식으로 이루어지나 정기연주회가 실험적이고 전문적인 레퍼토리를 공연하는데 비하여 특별연주회는 청중의 기호에 맞는 프로그램과 공연기획의 새로운 시도 등 흥미롭고 때로는 파격적일 수도 있는 작품기획에 중심을 두고 있다. '기획연주회'가 그 대표적인 형태이며, 이벤트적 성격이 강하다. 특별연주회는 2006년 현재 기준 연 11회가 연주되었다. '신년·송년음악회', '청소년음악회', '가족음악회', '한국창작합창제', '브람스페스티벌', '획기적 합창세미나' 등의 타이틀을 가지고 일반적인 형태의 공연과 달리 다양한 레퍼토리를 소화할 수 있어 합창공연의 유연성을 보여주고 있다.

외부·해외연주회는 해외에서 열리는 합창제의 참가, 지방자치단체에 따라 해외 자매결연 도시에 자국의 문화를 소개하는 형태로 진행되는 공연으로, 단원의 연주력 향상에 좋은 기회가 되는 공연이지만 재정확보에 대한 부담이 따른다. 그러므로 해외 연주회일 경우는 재정적인 면에서 모두 부담해 주는 초청 연주 형태의 공연이 절실하다. 대전시립합창단은 그동안 '93 엑스포 개·폐막식', '96 세계합창제', '98 한국합창대제전', '99 한·일 합창제', '2002 한·중·일 합동 창작 실크로드', '2005 독일 바흐국제합창페스티벌' 등을 통하여 세계인들과 문화교류의 장을 열기도 하였다.

대전시립합창단은 2000년 이후 연 평균 60여 회의 연주회를 개최하였고, 같은 프로그램을 반복하기보다는 계속적으로 변화 발전하는 환경을 고려하여 새로운 형식의 프로그램 변화를 시도하고 있다. 특별연주회로 대전시립합창단의 기획력을 엿볼 수 있었으며, 수시 연주회 형식의 찾아가는 음악회는 타 시립단체에 비해 현저히 많은 횟수를 기록하며 지역사회에 기여하였다.

❹ 마케팅 현황

예술적 완성도에만 집착하는 과거의 공연예술단체에서 마케팅이란 것은 중요한 개념이 아니었다. 과거 대전시립합창단에는 마케팅과 홍보부서는 따로 설치되지 않았고 단무장이 공연기획, 마케팅, 홍보 및 행정 처리까지 맡아 하고 있었다. 이렇듯 자체적인 홍보나 마케팅 부분에서는 전문 인력 부족으로 제대로 이루어지지 못하고, 포스터 부착, 인쇄매체 지면 보도광고, TV나 라디오의 음악프로그램에 협찬하는 전파광고 외에는 인맥을 통한 홍보나 방송사에 공연실황촬영에 의한 홍보활동을 해 왔다. 모든 홍보가 거의 비용이 들지 않고, 공연을 알리는 판촉활동 위주였다.

그러나 2000년대 들어 대전시립합창단은 전문 인력을 보충하면서 최근에는 정기연주회와 특별연주회가 매진사례를 이루어 내고 있다. 특별한 마케팅 요원과 예산이 세워져 있지 않음에도 이러한 성과가 나고 있는 것은 과거의 홍보 방식과 더불어 정기회원, 후원회원, 홈페이지회원, 카페회원 등 회원제 운영을 통한 마케팅에 의한 결과이다.

대전시립합창단의 홈페이지 회원은 대전시립합창단뿐 아니라 합창음악, 성악에 관심 있는 대부분의 사람들이 가입할 수 있게 되어 있는 것으로, 무료로 가입할 수 있으며 공연소식 메일링 서비스를 받을 수 있다. 카페회원은 대전시립합창단의 별도 도메인에 의한 홈페이지가 개설되기 전, 대체수단으로 쓰였던 카페(포털사이트 Daum)로 홈페이지 회원에 비해 적극적인 사람들이 가입한 것이며, 이들 또한 무료로 가입이 가능하며 공연소식 메일링과 비정기적인 성격의 할인 혜택을 제휴기획사 또는 다른 시립단체를 통해 누릴 수 있다.

정기회원은 대전시립합창단의 공연을 지속적으로 관람하려는 자들로, 연간 정기적인 회비를 내고 혜택을 받으려는 회원으로 구성되어 있다. 이들에게는 매달 후원회 고지서와 합창단의 현황, 공연소식 등을 전하고 초대권을 함께 발송하는 등 멤버십 매니저(Membership Manager)가 회원들에게 최대한의 서비스를 제공한다.[63]

2006년 대전시립합창단 정기회원 현황

구분	개인회원(1인)	가족회원(2인 이상)	단체회원(5인 이상)
연회비	30,000원	27,000원	24,000원
회원수	30여 명	500여 명	5200여 명
혜택	• 정기·기획연주회 초대티켓 제공 • 전 공연 스페셜 좌석 배정 • 공연안내문·시즌브로슈어 우편발송, 메일링, 문자서비스 • 회원창구 개설		

정기회원의 개인회원은 1인당 연회비 30,000원, 가족회원은 27,000원(2인 이상), 단체회원은 연회비 24,000원(5인 이상)의 후원을 하며, 그들은 1년간 행하여지는 합창단의 모든 정기연주회 및 기획연주를 무료로 감상할 수 있으며 매 공연마다 자리를 찾는 번거로움이 없도록 연주회장의 스페셜 좌석을 특별히 배정받는다. 또한 매 공연 시 안내문 및 시즌 브로슈어 등을 우편으로 받아볼 수 있는가 하면 공연정보 안내를 메일링, 문자서비스 등으로 빠른 공연

---

63 멤버쉽 매니저(Membership Manager)란 Membership과 Manager가 복합된 신조어이다. 대전시립합창단에서의 멤버쉽 매니저는 후원회원과 정기회원 개개인에게 공연소개 문자서비스, 메일링, 우편발송, 공연초대, 티켓할인 등의 서비스로 회원을 관리하고 있으며, 현재 한 명의 마케팅담당 단원이 이를 겸직하고 있다.

소식을 접할 수 있도록 한다. 정기회원은 공연장 매표소의 혼잡과 상관없이 회원창구가 개설되어 편안하고 대접받는 듯한 기분으로 공연을 관람할 수 있다. 이러한 배려로 2006년 현재 600여 명의 회원이 가입되어 있다.

2006년 대전시립합창단 후원회원 현황

구분	후원회원
연회비	200,000원/1인
회원수	125명
혜택	• 정기 · 기획연주회 초대티켓 제공 • 전 공연 스페셜 좌석 배정 • 공연안내문 · 시즌브로슈어 우편발송, 메일링, 문자서비스 • 회원창구 개설 • 대전시립합창단의 제휴공연장 · 기획사 공연티켓 할인 • 후원회원을 위한 특별연주회 개최 • 찾아가는 공연 서비스 제공 • 후원금에 대한 연말정산시 소득공제 혜택

후원회원은 대전시립합창단의 가장 적극적인 지지자들로 구성되어 있으며 대전시립합창단의 공연에 지속적인 관심을 가지고 관람하는 자들이다. 이들은 1인당 연회비 200,000원을 지불하는 사람들로서 정기회원의 혜택을 누릴 수 있으며 더불어 다른 부대 서비스를 제공받는다. 가령 대전시립합창단의 제휴공연장, 제휴기획사의 다양한 공연에 대해 20~50% 할인 혜택과 후원회원을 위한 특별연주회 개최, 회원들의 사업장에 찾아가는 공연 서비스까지 제공

받는다.

대전시립합창단 후원회의 타 시립합창단과의 가장 큰 차이점은 임의단체가 아닌 사단법인으로 형성되어 있다는 점이다. 국내 국·공립합창단 중 사단법인 형태의 유일한 후원회로, '하모니'라는 명칭과 함께 2006년 현재 125여 명으로 구성되어 있다. 후원회는 매년 시의 보조와는 무관하게 2천여 만 원을 지원하고 있다. 대전시립합창단의 정기회원, 후원회원, 홈페이지회원, 카페회원만 합쳐도 1,217명이 된다. 이들이 항상 객석의 상당 이상을 점유하고 있는 고정관객층이 되는 것이다. 이러한 마케팅은 타 시립합창단에 비해 매우 체계적이고 앞선 마케팅 방법으로 여겨지는데, 이것이 대전시립합창단이 전석 매진을 이루는 중요한 요인이다.

(2) 공연단체 운영체계 및 콘텐츠 개선 방안

❶ 단체 인원 확충

그동안 대전시립합창단은 창의력 있는 기획력과 다양한 프로그램, 그리고 효과적인 마케팅을 통하여 관객을 확보했지만, 모든 연주자나 연주단체의 궁극적인 과제인 음악적인 완성도를 위해서는 좀 더 많은 노력을 기울여야 한다. 이를 위해서 요구되는 것이 무엇보다 악단의 분야별 인원의 확충이다.

연간 60회 연주가 이루어지는 대전시립합창단은 현재 구조에서는 예술감독 겸 상임지휘자와 트레이너가 60회의 연주를 소화하기가 힘들다. 앞으로는 더 많은 연주회를 하면서 더 많은 관객과 만나고 합창단을 알려야 하는데 이에는 전문화된 지휘자 구조를 갖출 필요가 있다. 예컨대, 예술감독과 상임지휘자를 분리하고 분야별 전임지휘자(부지휘자 격)를 두어 좀 더 세분화, 전문화시켜야 한다. 예술감독은 아티스트로서 예술성을 최대한 발휘할 수 있으며, 악단의 전체적 운영의 관리와 행정을 수반하고, 상임지휘자는 음악적으로 뛰어난 자로 단원들과 음악인으로서 동반자격인 자가 적합하다. 부지휘자격인 전임지휘자는 다양한 합창음악에 걸맞게 분야별 전문 인원 충원되어야 한다. 분야별 전담지휘자가 생기면 합창단의 음악적인 발전과 더 많은 횟수의 공연이 가능해지며 다양한 면에서 전문적인 레퍼토리 개발도 가능할 것이다.

대전광역시립예술단 조례상의 사무인원 직제체제에 의하면 사무국장, 기획담당, 마케팅담당, 홍보담당, 총무, 악보담당으로 이루어져 있지만, 2006년 현재 대전시립합창단의 사무국은 사무국장 1명, 기획담당 1명, 마케팅과 총무 겸직 1명, 홍보와 악보관리 겸직 1명, 총 4명으로 조직되어 있으며 이들 중 다수가 대학원에서 예술경영을 전공하였다. 이렇듯 대전시립합창단은 대전광역시 조례상의 직제체제와 사무국의 현재가 동일시되지 않고 있는데, 빠른 시일 내 기본적인 직제체제부터 보강되어야 한다. 마케팅과 총무의 분리, 홍보와 악보관리의 분리가 첫 번째 과제이며, 마케팅과 홍보분야의 인원보강도 요구된다. 현재 인원으로는 오프라인 마케팅, 온라인 마케팅, 홈페이지회원, 카페회원, 후원회원, 정기회원 등의 관리와 다양한 마케팅 기법 연구, 개발에도 무리가 있다. 이외 마케팅 분야에서는 별도 기업 마케팅만을 담당하는 자, 홍보 분야에서는 언론홍보만을 담당하는 자, 기획 분야에서는 연주 성격별(정기연주회, 수시연주회, 특별연주회, 외부·해외연주회)로 담당해서 그 분야를 더욱 전문적으로 연구하

고, 발전시켜 나가야 한다. 이와 같이 사무단원에서도 담당 분야를 더욱 세분화하여 전문적인 인원의 확충이 필요하다.

또한 악보담당 외에 전문 작곡자 및 편곡자를 두어야 한다.[64] 물론 외부 의뢰도 있지만 공연별 성격과 단원의 특징, 곡의 성격, 반주하는 팀의 편성에 따라 편곡이 요구되며 대전시립합창단의 특성을 가장 잘 고려한 곡을 작곡하여 특성화할 수 있는 레퍼토리를 구축할 수 있을 것이다.

대전광역시립예술단 조례상 단원의 정원은 70명이다. 그러나 현재 대전시립합창단의 단원은 58명이며 예술 감독 겸 상임지휘자와 트레이너, 반주자와 사무단원을 제외하면 50명이다. 이것은 제대로 된 합창의 사운드를 느낄 수 있는 최소한의 인원보다 부족함을 뜻하는 것으로 인원 확보가 절실한 실정이다.

단원들도 전문화, 세분화가 되어야 연주기획의 효과도 가져올 수 있다. 예컨대, 단원을 80명으로 가정할 때 정통 클래식만을 연주하는 단원을 40명, 오페라, 뮤지컬 등과 같이 액팅과 이벤트적인 무대를 요하는 공연에 맞는 연주자 40명으로 편성하는 등 단원의 기량 면에서 분야별 특성에 맞게 분리시켜야 한다. 그래서 하나의 공연을 기획하여 올릴 때 그 특성에 맞는 연주자들이 연주하여 어떠한 형식의 공연도 전문적으로 연출하고, 반면 하나의 공연에서 색다른 두 무대를 연출할 수도 있을 것이다.

---

64 현재 서울시립교향악단(진회숙)과 인천시립교향악단만이 전문 편곡자를 두고 있다.

❷ 재원 조성 활성화

국·공립예술단체로서 과거 대전시립합창단은 관료주의적 행정체제로 인해 실험성과 창조성에 제약을 받고, 조직 구성과 재정적 관리가 효율적이지 못했다. 그래서 국·공립예술단체로의 기본 성격상 활발한 경영이나 창조적 시도가 이루어지기 어려운 상황이었다. 그렇기 때문에 국·공립예술단체는 정부의 지원이 갖는 한계를 깨닫고 민간지원을 유도하는 것을 필요로 하였고 스스로 다른 예산지원책을 마련해야 한다.

예술단체들의 재정과 운영의 자율성을 확보하기 위한 방법은 예술단체의 법인화이다. 법인이라 함은 법률의 규정에 의하여 법인격을 부여받아 권리·의무의 주체가 되는 것을 말하는데, 예술단체가 법인격을 취득하게 되면 스스로의 이름으로 재산을 취득·관리할 수 있으며, 사회적인 신용도가 증가하고, 조직의 강화를 도모할 수 있으며, 경영을 명확히 할 수 있다. 대전시립합창단 역시 자유로운 외부 재원조성을 위해서는 대전광역시의 산하 재단법인으로 개편되어야 할 것이다.

2000년 1월 '문예진흥법'이 개정되면서 '제10조 : 전문예술법인 등의 지정·육성' 조항이 신설되었다. 이는 국가와 지방자치단체가 문화예술진흥을 위하여 전문예술법인 또는 전문예술단체를 지정하여 지원, 육성할 수 있다는 것을 내용으로 하며, 이에 따라 전문예술법인으로 지정된 단체는 기부금품모집규제법의 규정에도 불구하고 기부금품을 모집할 수 있게 된다. 전문예술법인으로 지정되었을 경우 기부금에 대한 공개 모집이 가능하고, 이에 대해 기부자는 기부금품에 상응하는 세제상의 손금인정을 받을 수 있다. 이는 당해 법인의 법적 성격에

따라 두 가지로 나누어진다.

먼저, 법인에 대한 지원 등의 용도를 정하여 문화예술진흥기금에 기부하는 경우에는 조세특례제한법 제73조 제1항 제1호의 규정에 의거 기부금 전액이 손금 산입된다(민법 및 상법에 의한 법인 모두에 해당). 또한 기부자가 당해 법인에 직접 기부하는 경우는 먼저 법인세법 제24조 제1항에 따라 소득금액의 100분의 5, 개인인 경우에는 소득세법 제34조 제1항의 규정에 의거 100분의 10 범위 내에서 기부금 전액 손금 인정(민법상 법인에만 해당)을 받을 수 있다. 현재 국·공립합창단 중에는 국립합창단만이 전문예술법인 단체로 지정되어 있을 뿐이다. 따라서 대전시립합창단이 전문 예술법인체로 개편된다면 기업이나 개인의 기부금 모집은 물론, 연주회 전석 매진에도 불구하고 겪고 있는 재원 확보 문제해결의 돌파구가 될 수 있을 것이다.[65]

하지만 법인화에 따른 문제가 없는 것은 아니다. 무엇보다 법인화를 위해서는 시의 의지가 필요한데 법인기금의 조달 문제가 제기되고, 대전시립합창단의 경우 도시의 규모와 경제의 규모가 수도권에 비해서 법인화가 될 경우 충분한 기업의 후원을 받을 수 있는지의 조건과 현실을 고려해야 한다. 수도권과 같은 경제적 여건이 뒷받침되지 않으면 오히려 예산운영이 침체되어 더 큰 문제를 야기시킬 수 있다. 법인화가 논의된다면 지역의 음악시장 규모, 경제 규모 등 외부 조건을 면밀히 살펴 결정해야 할 것이다.

현 운영체제 하에서의 재정확충 방안은 방송권 및 저작권을 통한 수입이다. 합창단은 음반이나 영상제작을 통해 판매수입 또는 저작권료의 수입과 방송출연을 통한 방송권료를 지급받을 수 있다. 그러나 국내 음반시장에서의 오프라인을 통한 음반판매 수익은 극히 적어 큰

---

65 현재 국·공립합창단 중 법인화되어 있는 단체는 국립합창단이 유일하다. 이보다는 국·공립공연장이 법인화의 추세를 보이고 있다. 예컨대 서울예술의전당, 세종문화회관, 경기문화재단 등이 있다.

기대를 하기 어렵다. 이는 대전시립합창단뿐만 아니라 국내에서 녹음 판매되는 합창음반의 대다수가 그러하다. 국내 공연시장의 경우 방송권을 주는 대가로 방송매체를 통한 공연협찬 고지를 하여야 하므로 그에 따른 수익은 기대하기 어렵다. 그러므로 연주음반과 영상 등을 기존 방식과는 달리 콘텐츠화하여 온라인을 통해 음악 애호가와 음악교육시장에 공급하는 방식도 하나의 방안이 될 것이다.

또한 현실적인 방안 중의 하나가 후원회를 이용하여 재원을 확보하는 방안이다. 시립합창단 후원회가 사단법인이기에 법인으로서의 세제혜택을 줄 수 있는 기부금을 받아 후원금의 형태로 지원하는 것이다. 후원회와 공동주최, 공동제작을 통하여 그들의 지원 여부도 홍보할 수 있을 것이다. 후원회에 개인뿐 아니라 법인후원(기업후원)의 가입조항을 둔다면 재원조성이 보다 확대될 것이다.

❸ 마케팅의 다변화

대전시립합창단의 더 많은 관객 개발과 재원조성의 활성화를 위한 방안은 마케팅에 있다. 기존의 대전시립합창단은 유료로 운영되는 정기회원, 후원회원, 무료회원인 홈페이지회원, 카페회원 등을 통해 동원할 수 있는 마케팅 전략을 효율적으로 활용하였다. 계속된 마케팅 분야의 발전과 강화를 위해서는 마케팅이 다변화되어야 하며, 이를 위해 새로운 마케팅 기법의 도입과 후원회원제의 활성화, 정기회원제의 다변화가 요구된다.

먼저 통신사, 보험사, 백화점, 카드사와 같이 매달 고객에게 정기적인 소식지를 발송하는 기업, 또는 이벤트를 통해 고객 서비스를 제공하는 기업과 협력하여 대전시립합창단의 고정

고객뿐 아니라 기업의 고객층에게도 대전시립합창단을 대대적으로 홍보하여 관객을 확보할 수 있을 것이다.

또 다른 기법으로 공동마케팅(Co-Marketing) 기법의 도입이다. 공동마케팅은 두 개 이상의 회사가 공동으로 전개하는 판매·판촉 활동, 동종 업종 및 이업종(異業種) 간에 상호 제휴를 통하여 서로의 강점을 활용할 수 있도록 역할을 분담하여 판매 실적을 높이는 새로운 영업 기법이다. 기업체와 대전시립합창단 양측의 업무 제휴를 통해 장기적으로는 상품의 공동 홍보와 공동 마케팅도 시도하여야 한다. 예를 들어 맥심과 네슬레와 같은 커피 제조·판매 기업과는 '커피와 브런치 음악회'[66] 형식의 기획으로 공연티켓을 묶어서 판매하고, 패밀리 레스토랑과는 '가족 음악회' 티켓 등을 묶어 판매하는 형식과, 백화점의 회원들에게 발송되는 브로슈어와 일간지에 전단 발행 시 대전시립합창단 공연 티켓 할인쿠폰 첨부 혹은 할인 사실 명시, 은행이나 대형마트 등 고객들에게 할인혜택을 주는 등 기업체의 고객을 이용하여 할인혜택을 부여하는 것이다. 이를 통하여 홍보효과도 기대하며, 공립예술단체로서의 대전시립합창단의 특성상 공식적으로 협찬을 받을 수 없으므로 팸플릿에 기업체를 예매처로 기록, 광고함으로써 그들에게도 홍보효과를 볼 수 있는 계기를 마련하는 등 기업과의 협력을 통한 공동 마케팅을 시행해야 할 것이다.

또 하나의 소재를 서로 다른 장르에 적용하여 파급효과를 노리는 마케팅 전략인 원 소스 멀티유스(One Source Multi-Use)의 활용이다.[67] 이는 특별한 하나의 인기 소재만 있으면 추가적 비용부담을 최소화하면서 다른 상품으로 전환해 높은 부가가치를 얻을 수 있다는 점에서 각광받고 있다. 또한 관련 상품과 매체를 체계적으로 관리할 수 있어 저렴한 마케팅 및 홍보

---

66 브런치(Brunch)는 브렉퍼스트(Breakfast)와 런치(Lunch)의 합성어로, 아침과 점심 사이의 시간을 말한다. 예술분야에서는 브런치 음악회의 형식으로 '아침음악회', '11시 음악회' 등으로 오전에 열리는 음악회 등이 있다.

67 원 소스 멀티유스(One Source Multi-Use)란 하나의 소재를 서로 다른 장르에 적용하여 파급효과를 노리는 마케팅 전략으로 이는 문화산업재의 온라인화와 디지털 콘텐츠화가 급진전되면서 각 문화상품의 장르간 장벽이 허물어지고 매체간 이동이 용이해짐에 따라 하나의 소재(One Source)로 다양한 상품(Multi-Use)을 개발, 배급할 경우에 시장에서의 시너지효과가 크다는 판단에 따른 것이다. 근래

비용으로 큰 효과를 누릴 수 있다는 장점이 있다.

서울아트마켓에 선정된 '교과서 음악회'는 위와 같은 기법을 사용하여 활용 방안을 생각해 볼 수 있을 것이다. 가령 '교과서 음악회'의 부수적 상품으로 교과서 음악수록곡만 녹음한 CD, 음악뿐 아니라 소프라노, 알토, 테너, 베이스 등 분야별 음색의 구분이 가능한 시청각 자료인 DVD를 제작하여 초·중·고등학교에 판매가 가능하다. 학생들이 사용하는 물건에 슬로건을 활용하여 관객들을 상대로 판매하거나, 대전시립합창단의 개개인의 캐릭터를 개발하여 스타 마케팅(Star Marketing)[68]을 통한 지휘자 혹은 단원 개개인의 캐리커처 등 이미지 상품 판매 등도 생각해 볼 수 있다.

다음은 후원회원제의 활성화를 통한 마케팅이다. 후원회원의 모집에는 두 가지 이점이 있다. 첫째는 재원조성이고 둘째는 고정고객 확보라 할 수 있다. 후원회원 프로그램을 개발하여 사람들로 하여금 단체에 가입할 기회를 제공한다. 대개의 경우 사람들은 어떤 단체에 소속되어 보람된 일을 하기를 바라므로 이러한 프로그램을 개발하여 이들이 적극적으로 단체의 활동에 참여할 수 있도록 유도한다. 또한 이들이 단체를 위하여 활동하고 기부하는 것에 대하여 그들의 기대에 부응할 수 있는 혜택을 제공한다면 효과적으로 재원을 조성하는 방법이 될 수 있을 것이다. 대전시립합창단은 기존의 후원회원을 유지할 뿐 아니라 보다 적극적인 방법과 혜택으로 더 많은 후원회원을 유치하도록 힘써야 한다. 합창단의 음악회 전단과 브로슈어와 같은 안내문 우편발송, 정기적으로 대전시립합창단의 현황 메일링, 문자서비스, 합창단의 제휴공연장, 제휴기획사의 공연에 대한 할인 등의 혜택뿐 아니라 후원회원들에게 단체의 소속감을 주며 합창음악의 관심 증대를 위해 '후원회의 밤' 같은 후원회원만을 위한 음악회를

에는 창구효과가 큰 문화산업의 특성에 맞추어 아예 기획 단계부터 영화·게임·애니메이션·캐릭터 등을 망라하는 문화 콘텐츠를 개발하여 그 효과의 극대화를 꾀하는 추세이다.

68 스타 마케팅(Star Marketing)이란 대중적 인지도가 높은 스타를 내세워 기업의 이미지를 높이는 마케팅 전략이다.

마련하여 음악 감상의 시간뿐 아니라 후원회원들과 지휘자, 단원들의 만남과 대화를 통해 유대관계를 맺고 개인과 개인으로 친목을 돈독히 한다. 또, '합창 음악 감상교실'이나 '생활가곡교실'을 통한 음악 교육활동 프로그램도 같이 이루어진다면 더욱 효과적이라 하겠다.

다른 방안으로 후원회원제도 중 후원회에게 주어지는 혜택과 더불어 대전시립합창단 단원 일부로 소규모의 팀을 구성하여 '하우스 콘서트'(House Concert)를 기획, 무료로 마련해 주는 것이 있다.[69] 자택에 연주회 장소를 마련하기 어렵다면 후원회원 개인이 공연 장소를 섭외하여 대전시립합창단과의 협의하에 하우스 콘서트를 개최할 수 있으며, 하우스 콘서트의 프로그램은 해당 회원과 합창단의 협의하에 회원이 원하는 방향의 프로그램을 구성하는 맞춤형 형식의 공연을 마련해야 하겠다.

마지막으로 정기회원제의 다변화이다. 관객개발의 한 방법으로 대전시립합창단은 정기회원제 운영을 확립시켰다. 연간 또는 분기별로 계획된 공연에 대한 입장권 할인가격을 적용하는 등 혜택을 부여하여 판매하고 이를 객석점유율 및 수입 예상 자료로 활용하고 있다. 회원에 대한 기존 혜택뿐 아니라 앞으로 더욱 더 다양한 혜택이 주어져야만 언제든 변할 수 있는 관객들의 마음을 잡을 수 있다. 예컨대 영화관, 타 공연장과의 협력을 통해 대전시립합창단의 회원카드를 제시하면 할인이 되는 등의 혜택이 필요하다.

정기회원의 교육프로그램 개발도 필요한데 유료 정기 회원에 한하여 학생 또한 일반인이 일정 수 이상 모이게 되면 단원들 중 기량이 뛰어나거나 회원이 원하는 단원이 일정기간을 정하여 레슨을 통한 해 주는 등의 서비스를 생각해 볼 수 있다. 이것은 곧 스타 마케팅과도 연관된다. 개성있는 단원에 대한 인터넷 팬 사이트(Fan Site) 등을 개설하는 것도 가능하다. 이

---

69 하우스 콘서트(House Concert)는 음악의 본래 정신을 되살리는 새로운 음악회 형식으로 여러 가지 형식으로 이루어지고 있지만, 본 글에서는 개인의 자택 연주공간을 마련하여 개최하는 형식을 말한다. 하우스 콘서트는 일부 초대받은 사람을 위해 연주되는 것을 원칙으로 했지만, 요즘엔 인터넷으로 공연정보를 제공하고 누구나 입장료만 내면 참여할 수 있는 개방형 하우스 콘서트가 인기이며, 와인과 치즈 등을 제공하거나 공연이 끝나고 리셉션을 열기도 한다. 청중이 음표 하나까지 모두 알아채기 때문에 연주자들에게 무엇보다 긴장되는 무대일 것이며 기량 향상에 도움이 되는 기회이기도 하다.

렇게 할 경우 고정관객을 확보할 수 있고 단원의 기량 향상에도 좋은 효과를 줄 수 있다.

회원관리는 어떤 형식의 회원이 되었든 관객과 함께한다는 마인드로 관객에게 다가가는 것이 중요하다. 후원회나 회원제를 운영하는 것은 앞으로 더 많은 시간과 노력, 비용이 들겠지만 체계적인 운영과 1 : 1 개인의 신속한 서비스와 정성, 아이디어가 뒷받침된다면 생각 이상의 효과를 얻을 수 있을 것이다.

❹ 공연콘텐츠 개발

예술단체는 고정 관객을 어떻게 유치하는가 하는 것이 예술단체의 존속 여부를 결정짓는 중요한 요소가 된다. 새로운 관객 개발이 중요한 가장 큰 이유는 새로운 관객 속으로 파고들어 여러 층의 관객을 확보하는 것은 예술단체가 그들의 잠재적 수요층이 갖고 있는 문화적 경험에 대한 욕구와 필요를 채워 주는 것을 의미하기 때문이다.

고정 관객 유치의 중·단기적 방안으로는 예컨대, 잠재 고객인 어린이들 혹은 유아, 태아들을 위한 '어린이를 위한 음악회'로 부모님과 함께 배우고 부를 수 있는 동요 위주의 공연을 만들거나, '태교 음악회' 등으로 태아 때부터 합창음악을 접하고 태어나서도 자연스럽게 합창음악을 듣고 공연장을 찾을 수 있게 하는 방안 등을 생각할 수 있다. 곧 '교과서 음악회'와 같은 특성화된 공연을 브랜드화 시켜 상업적으로도 활용할 필요가 있다. 이것은 재단법인 예술경영지원센터에서 지방문예회관 특별프로그램 개발지원사업으로 개최하는 '2006 서울아트마켓'에 국·공립합창단 중 국립합창단을 제외하고 공립합창단으로는 최초로 선정된 프로그램이기 때문이다.

고전음악과 현대음악 등 다양한 레퍼토리 개발에 힘쓰는 것은 전국의 시립예술단들이 동일하게 추구하는 것이다. 물론 다양한 레퍼토리를 연주하는 것도 중요하다. 그러나 미래의 음악문화발전과 단체의 발전을 위해서는 자기들만의 고유한 레퍼토리가 요구된다. 대전시립합창단은 고유성을 지닌 프로그램 개발에 전력해야 한다. 대전시립합창단만이 할 수 있는, 언제 어디서나 가능하며 지휘자가 바뀌더라도, 좌지우지되지 않는 그들만의 고정 레퍼토리가 필요하다. 그동안 공연된 작품들은 지휘자가 바뀌면 작품까지 소멸되어 일회성에 그치고 말았다. 고유의 프로그램을 정착시켜 지속적으로 연주하며, 특성화할 필요가 있다.

대전시립합창단은 1999년부터 매년 여름 '지휘자 양성 프로그램'을 3~4회 정도 시행해왔다. 여름방학을 맞은 지역의 중·고등교사 및 교회지휘자 등을 대상으로 세미나를 개최하기도 하고, 대전시립합창단의 수석단원을 통한 발성지도와 가창지도, 합창음악 해석법, 지휘법 등을 강의하였다. 이는 합창단과 음악분야 종사자들과의 교류 목적과 시립합창단의 사회교육기관으로서의 역할을 해야 한다는 데 의의를 두고 일주일 동안 이루어졌다. 그러나 매회 학교교사들의 참여도가 떨어져 도중하차하였다. 이는 교사들이 방학 기간을 이용하여 다양한 연수에 참여하는 데 다른 연수기관은 고가점수에 반영되어 승진에 도움이 되지만, '지휘자 양성 프로그램'은 좋은 취지와는 달리 고가점수와는 관련이 없었기 때문이다. 앞으로 교육청과 연계하여 교사들의 고가점수 반영과 수료증 발급 등을 필히 갖추어 다시 부활되어야 하는 프로그램이라 생각된다.

관객 개발을 위한 프로그램 개발로는 교육 프로그램도 요구되는데 이는 관객들 중에서도 보다 더 적극적인 애호가 층으로 구성된다. 프로그램으로는 '음악 감상 교실'이나 '성악 혹은 합창 교실'을 통한 성악실습, '음악사나 음악이론'등을 들 수 있다. 이와 같이 관객들을 직접 참여시키고 교육할 수 있는 프로그램 등이 다양하게 개발되어 공연을 관람하는 관객의 청취 능력을 향상시켜주고 폭넓은 지식을 갖게 하면 합창단으로서는 자칫 재미있고 쉬운 레퍼토리에만 치중될 수 있는 연주회 형식에서 벗어나 수준 높은 레퍼토리와 공연의 질 향상에까지 큰 영향을 줄 것이다. 더 나아가 합창교실과 같은 프로그램들을 통해 시민들이 교회 성가대나 아마추어 합창단으로 활동함으로써 아마추어 합창인구가 늘어나 합창음악의 활성화와 함께 고정 관객을 확보할 수 있는 계기를 마련하는 데 중요한 역할을 할 것이다.

4. 문화콘텐츠 성장 기반

　산업적 관점에서 문화콘텐츠의 가장 중요한 부분은 생산과 소비의 관계이다. 일부 특수한 계층만의 전유물이었던 문화가 문화산업이란 장르로 대중화되면서 문화산업의 핵심이 되는 문화콘텐츠 역시 산업의 이름으로 대중화에 나섰다. 이렇게 대중화된 문화콘텐츠에서 가장 중요한 것은 생산과 소비의 대량화이다. 대량 생산과 대량 소비는 모든 산업의 핵심적 가치이며 이러한 체제 속에서 해당 분야는 비로소 완전한 산업으로 정착할 수 있게 된다. 그런데 문화콘텐츠의 특수성은 생산과 소비 시장의 특수성에 있다. 일반적인 산업과 달리 문화콘텐츠의 생산은 일부 특정 기업 또는 개인에 의해 이루어지지 않기 때문이다. 그리고 소수의 생산품이 시장 전체를 차지하는 과점 시장의 형태를 갖게 될 수가 없다. 문화콘텐츠는 수많은 다수의 생산자들에 의해 시장이 만들어지고 형성되는 전형적인 다품종 소량생산의 형태의 시장이다. 이는 문화콘텐츠의 경쟁력이 생산 원가의 우수성에 바탕을 둔 일반적인 가격경쟁력에만 있는 것이 아니라 창의성과 다양성에 보다 많은 비중을 두고 있음을 뜻한다. 따라서 다수의 우수한 생산자를 육성하는 것은 문화콘텐츠 성장에 가장 중요한 요소가 될 수 있으며 문화콘텐츠 생산자 육성 시스템의 구축은 문화콘텐츠 성장을 위한 가장 기본적인 기반이라고 할 수 있다. 창의성과 경쟁력을 갖춘 다양한 문화콘텐츠 상품은 창의력으로 무장된 개인 생산자를 출발점으로 탄생할 수 있다. 이런 개인 문화콘텐츠 개인 생산자는 하루아침에 만들어지는 것이 아니고 오랜 교육과 훈련 속에서 탄생하게 된다. 또한 소수의 인원에만 한정된 것이 아니라 사회 전반에 걸친 교육된 다수에 의해 만들어지게 된다. 따라서 문화콘텐츠 생산자 교육은 산업 발전에 핵심적 요소가 되며 그중에서도 특히 미래 세대인 청소년을 대상으로 한 시스템의 구축은 생산자 양성에 가장 핵심적 요소가 될 수밖에 없다.

　문화콘텐츠 성장의 또 하나의 축인 소비시장 또한 특수한 성격을 가지고 있다. 문화콘텐츠 소비자는 양적 측면에서만이 아닌 질적 측면에서 중요성을 더하고 있다. 그것은 문화콘텐츠의 소비자는 단순히 상품을 소비하는 사람만이 아니라 일정 부분 생산에까지 적극적인 참여와 관여(involvement)를 통해 해당 문화콘텐츠에 대한 소비를 촉진하는 특성을 보이고 있다. 이때 중요한 것은 '적극성'에 있다. 일반적 소비와 달리 문화콘텐츠의 소비에는 '향유(享有)'의 개념을 중요시 하고 적극성은 단순 소비를 넘어 그들 스스로가 창조에 동참하는 준전문가 수준의 관여를 필요로 한다. 이런 특성은 다른 산업에서의 소비자 성격과 문화콘텐츠의 소비자 성격을 다르게 만드는 가장 큰 특성이 되고 있으며 문화콘텐츠 수용자 육성 시스템에 대한 구조적 관심을 만들어내고 있다.

　마지막으로 문화콘텐츠 마케팅에 대한 부분이다. 마케팅은 소비를 촉진할 뿐 아니라 합리적 생산을 장려하는 활동으로 평가할 수 있다. 마케팅 활동을 통해 생산자는 소비자에 대한 심층적 연구와 관심을 갖게 되고 이런 분석적 방법을 통해 보다 합리적인 상품을 개발하게 된다. 최근 그 효과가 널리 인정받기 시작한 문화마케팅은 문화콘텐츠를 활용한 마케팅으로 적극적인 소비 촉진은 물론 컬덕(culture + product)이라는 새로운 상품을 만들어 내고 있다(김민주 외, 2005 : 24~32). 하지만 문제는 문화마케팅을 대기업 또는 정부 등 대규모 단위에서만의 활동으로 생각하고 있는 현실이다. 소품종 소량생산의 특성을 가진 문화콘텐츠의 경우 대규모 사업체뿐만 아니라 소규모 사업체의 입장에서도 충분히 활용이 가능한 특성을 가지고 있다. 오히려 지역의 수많은 자영업자들에게 문화콘텐츠는, 힘든 점포를 차별화시킬 수 있는 가장 훌륭한 도구가 될 수 있다. 또한 소규모 자영업자들에 의해 활용된 문화콘텐츠는 그 지역의 문화 수준 향상에 직접 기여할 수 있는 문화 육성의 선순환 구조를 만들 수 있다는 점에서 아주 중요한 공익적 역할을 하기도 한다.

창의성을 가진 다수의 문화콘텐츠 생산자, 수동적 수용자에서 벗어난 적극적인 문화콘텐츠 소비자, 그리고 합리적 생산과 소비를 촉진하는 적극적인 다양한 규모의 기업 및 점포에서의 마케팅활동 등 세 가지 요소는 지역 문화콘텐츠 활성화를 위한 가장 핵심적인 기반 프로그램으로서의 중요한 의미를 가지고 있다.

(1) 문화콘텐츠 생산자 육성을 위한 청소년 교육

❶ 청소년 문화 관련 교육의 중요성

청소년 문화 관련 교육이 문화콘텐츠 기반 구축에서 가장 먼저 강조되는 첫 번째 이유는 문화의 발전적 전개는 국가나 지역 단위 모두의 경쟁력의 확보를 위해서도 중요한 테마가 되며 발전적 문화 전개를 위해서는 무엇보다도 문화적 소양을 갖춘 미래세대의 발굴 즉, 문화 교육을 통한 문화역량 확충이 최우선적으로 강조되기 때문이다.

두 번째로는 '창의성(creativity)'이 중요시되기 때문이다. 경쟁 구도가 지역과 국가 단위에서 벗어나 세계적 단위로 확대되면서 무한 경쟁이 강조되고 있는 오늘의 시점에서 창의성은 발전의 충분 요소가 아닌 생존의 필수요소로까지 그 중요성이 확장되고 있다. 이 시대를 일컬어 '창의성의 시대' 또는 '아이디어의 시대'라고 말하는 이유는 창의성이야말로 사회 발전에 가장 중요한 원동력이기 때문이다. 창의성 확보라는 교육의 목적을 달성하기 위해 그동안 많은 연구가 있었지만, 추상적 성격이 강한 창의성을 확보하는 명확한 수단이 발견되지 않고 있는 이때, 문화교육은 일견 막연하게 보이는 '창의성'을 가장 효과적으로 육성할 수 있는 검증된 교육 방법이라고 할 수 있다. 사실 문화교육 영역에서 가장 중점을 두고 있는 것은 바로 창의적인 인력 육성의 문제이고 지금에 와서는 이 창의적 인력 육성의 결과는 단순히 문화예술 분야를 넘어 전 산업 영역에 걸친 포괄적 중요성을 지닌 문제로 인식되고 있다. 더욱이 초기산업발전 시기의 인재육성방법으로나 적합한 지식위주의 교육으로는 더 이상 시대가 요구하는 인재를 양성해내는 데 한계가 있다는 점에 많은 사람들이 동의하고 있다. 현대 사회에서는 문화산업에서뿐 아니라 모든 경제활동의 영역에서 문제해결 능력과 창의성을 갖춘 인력에 대한 요구가 늘어나고 있다. 이처럼 단순 생산중심 산업시대에서 지식문화시대로 전환하는 사회경제구조의 변화에 맞추어 문화관련 교육은 '창의성에 기초한 문제해결 능력을 갖춘 인력'을 양성해냄으로써 해당 지역, 나아가 국가 전체의 문화자본(cultural capital) 형성과 훈련된 인적자원의 확보에도 도움을 줄 것으로 기대된다.

마지막으로 문화관련 교육이 중요하게 부각되는 이유는 사회·경제구조가 지식과 문화가 중시되는 방향으로 전환되고 있다는 점이다. 부가가치 창출은 산업이 가져야 할 가장 중요한 덕목으로 자리 잡아가고 있다. 문화산업은 지식을 기반으로 하는 산업 중 가장 대표적인 산업으로서, 이미 여타 제조업이 도저히 달성하기 힘든 부가가치 창출 능력을 보여줄 뿐 아니라 일반산업에 비해 세 배 이상의 높은 성장률을 지속적으로 기록하고 있다.[71] 이제 문화산업의 후진국은 국가 경쟁력의 후진국을 의미하며 국내적으로는 문화산업의 후진 지역이 경제적

낙후 지역으로 인식되고 있다. 그런 복합적인 이유로 문화관련 교육은 지역 발전의 가장 기본적인 요소가 되는 동시에 성장의 원동력이 되며 문화교육 시스템의 구축은 지역 문화 인프라 구축에 가장 처음으로 거론되어야 분야이다.

❷ 청소년 문화관련 교육의 종류

현재 국내에서 이루어지고 있는 초·중·고등학교 청소년 문화관련 교육은 운영 주체와 교육 내용에 따라 분류할 수 있다. 먼저 운영 주체 면에서는 학교 내에서 이루어지는 프로그램과 학교 밖에서 전개되고 있는 프로그램으로 나눌 수 있다. 학교 내 문화관련 프로그램은 정규 교과 과목에 포함되어 있는 문화관련 교육 프로그램과 특기적성 교육으로 대표되는 문화예술교육 프로그램, 학생들 스스로 중심이 되어 전개되는 재량학습 프로그램 등이 대표적이다. 학교 밖 문화관련 프로그램으로는 그 운영 주체에 따라 분류할 수 있다. 그중 한 축은 공립 또는 사립 문화 전문 교육기관에 의한 교육 프로그램이고 또 다른 하나는 기업의 문화 관련 교육 프로그램이다.

문화 관련 프로그램의 내용적 분류는 그 형식과 목적에 따라 상이할 수 있겠으나 일반적으로 예술교육, 문화교육, 그리고 문화콘텐츠 교육의 세 가지로 분류할 수 있다. 이는 교육학적 측면에서 교육을 내용과 목적을 통해 우선적으로 적용한 역사적 순서에 입각한 것이기도 하며 최근 사회·경제적 필요성에 의한 분류이기도 하다.

청소년 문화관련 교육 종류

운영 주체에 따른 분류		교육 내용에 따른 분류		
학교 내 문화관련 교육	학교 밖 문화관련 교육 프로그램	예술교육	문화교육	문화콘텐츠교육
• 정규교과과목 내 문화관련교육 • 특기적성교육 • 재량활동	• 문화전문교육기관 • 기업문화관련교육	• 미적 체험 강화 • 예술적 경험 강화	• 창의성 교육 • 문화적 가치 탐구	• 문화기능 교육 • 창의성 강화 교육 • 문화기술 교육

① 예술교육(art education)

먼저 예술교육(art education)은 청소년 문화관련 교육에 가장 전통적인 교육의 형태라고 할 수 있다. 예술교육은 동·서양을 막론하고 고대로부터 그 중요성이 매우 강조되어 왔던 분야이다. 근본적으로 예술교육은 랭거(S. Langer)의 정의와 같이 예술 교육의 핵심적 개념을 '미적 체험의 확장'과 '예술적 활동의 강화'를 통한 '감정 교육'을 중심으로 정의하고 있다(이용권, 1988 : 11). 현재의 예술교육이 예술 자체의 경험에 가장 중요한 의미를 부여하고 예술 활동을 수행할 수 있는 기능 숙달을 가장 중요한 가치로 여기는 것도 예술교육에 대한 이러한 개념에서 기인한다고도 말할 수 있다. 그러나 이와 같이 기능 중심으로 예술교육을 시행할 때, 예술교육의 궁극적 목표인 미적 관념의 증대나 감성의 극대화로 이어지지 않는다는 점은 끝없는 논란의 대상이 되어 왔다. 아무튼 이러한 논란과는 상관없이 예술교육, 특히 악기기능교육, 미술 기능교육은 현재까지 사교육 시장을 포함하여 청소년 문화 관련 교육 프로그램 중 가장 많은 부분을 차지한다.

② 문화교육(cultural education)

문화교육은 90년대 들어와 본격적으로 추진된 교육 프로그램이다. 70년대 말까지 우리 사회는 문화의 정의 부분에 대해 대단히 보수적 시각을 형성하여 전통문화와 예술만이 마치 문화의 전부인양 생각했던 시점이 있었다. 그러나 80년대 이후 국민가처분소득의 지속적인 상승과 정치적 여건의 변화에 따라 문화·예술 분야의 지원이 확장되고 90년대에 들어서면서 문화 복지 개념이 확장됨에 따라 광의적 개념의 문화 교육이 청소년을 대상으로 소폭적으로 실시되기 시작했다. 이런 짧은 연륜으로 인해 문화교육은 예술교육과는 달리 아직 뚜렷한 개념 정의가 이루어지지 않고 있는 형편이다. 전통문화를 중심으로 문화교육을 규정하는 기존의 시각에 대응하여 최근에는 문화에 대한 광의적 해석과 가능성의 인정을 통한 문화 교육의 확장적 역할론이 대두되고 있다. 이러한 관점은 문화교육의 선진국인 영국과 독일을 중심으로 한 유럽의 문화교육의 정의에 기초하고 있는데, 최근에는 이러한 주장이 점차 확산되고 있다.

'창의성 산업(creative industry)'의 사회·경제적 중요성을 강조하고 있는 영국의 경우 국가기관인 '창의성 및 문화교육을 위한 국가자문위원회'는 청소년의 문화적 발달과 관련한 교육 즉, 문화교육의 중심 역할에 대해 다음과 같이 정의하고 있다(김세훈, 2004 : 12).

첫째, 청소년에게 그들 자신의 문화적 가정(assumption)과 가치를 탐구하고 인식하고 이해할 수 있도록 한다. 둘째, 청소년으로 하여금 타문화의 전통과 가치를 배우고 타인과의 접촉을 촉진함으로써 문화적 다양성을 이해하고 용이하게 접근하도록 한다. 셋째, 역사적 관점을 형성하도록 한 사건과 과정에 대하여 현대적 가치에 비추어 생각하게 한다. 넷째, 청소년으로 하여금 변화의 잠재력과 변화의 과정, 그리고 문화의 발전적 성격을 이해할 수 있도록 돕는다.

또한 독일에서는 문화교육 개념을 다음과 같이 정의한다. 첫째 문화교육은 시민들로 하여금 황량함에 대응하고 상실된 의사소통의 연계를 회복할 수 있도록 한다. 둘째, 문화교육은 시민들로 하여금 감수성을 회복하고 비판적 판단을 할 수 있는 능력을 함양한다. 셋째, 문화교육은 시민들로 하여금 창조적으로 여가를 누릴 수 있게 하고 창의적이고 자주적인 능력을 개발하도록 한다. 넷째, 문화교육은 시민들로 하여금 자신의 삶에 의미를 부여할 수 있도록 만든다. 이러한 정의는 결국 문화교육이란 자신과 사회에 대한 이해심과 성찰력을 갖게 함으로써 변화하는 사회에 능동적으로 대응할 수 있는 능력을 배양하는 것임을 보여준다. 이것은 다시 말해서 문화교육이 시민들로 하여금 빠르게 변화하는 정보사회에 주체적으로 대응할 수 있게 만드는 것임을 뜻한다.

원론적 측면에서 문화교육은 21세기 인재 양성에 기본 방향을 제시하고 있는 교육인 동시에 문화생산자의 다양한 기초 능력을 갖출 수 있는 터전을 갖게 만드는 교육을 말하고 있다. 이런 의미에서 세계화 시대, 다양한 콘텐츠 시대에 갖추어야 할 균형 감각과 다양성의 인정, 자율에 기반을 둔 자유의식의 확보, 순수한 의미의 경쟁의 이해와 결과에 대한 승복 등 '문화적 인간'이 갖추어야 할 덕목과 문화 창작자가 가져야 할 사고의 틀, 나아가 문화 소비자의 의식태도를 만들어 내는 역할 교육을 의미한다.

③ 문화콘텐츠교육(culture contents education)
문화콘텐츠교육은 21세기 국가 발전의 신동력으로 부각된 문화산업의 근간인 문화관련 분

야 콘텐츠교육 프로그램을 의미하고 있다. 이는 기존의 문화 또는 예술교육과는 다른 내용을 포함하고 있다.

문화콘텐츠교육은 영화, 게임, 애니메이션, 만화, 캐릭터, 음악, 인터넷 / 모바일콘텐츠, 방송 등 고부가가치를 창출하는 첨단 지식기반산업인 문화콘텐츠산업 분야에 개발, 제작, 생산, 유통, 소비 등과 직접적 연관을 가지는 다양한 개념들의 교육을 의미한다. 이는 기존의 문화 단위에 대한 기능적 교육 부분과 예술 또는 문화 교육에서도 강조되고 있는 창의성 강화의 교육 부분, 그리고 그 창의성을 적절히 표현하고 전개할 수 있는 첨단 기술 전개 기능 교육 및 산업적 측면의 마케팅 교육 등이 복합적으로 연계된 교육 분야라고 할 수 있다. 결국 문화콘텐츠교육은 문화의 산업화를 통해 나타난 문화의 사회적 역할이 변화하는 가운데 최근 그 중요성이 날로 늘어가고 있는 분야이다. 그러나 문화콘텐츠교육은 그 개념이 최근에야 형성되었고 아직 사회적 확산이 되지 않아 실제 청소년 문화 관련 교육 프로그램에서는 완전한 전형을 쉽게 찾아 볼 수가 없지만 최근 몇몇 사례를 통해 그 내용과 개념을 정의해 볼 수 있을 것이다.

❸ 청소년 문화 관련 교육 프로그램 사례분석

초·중·고등학교 청소년들이 문화 관련 교육 프로그램을 접할 수 있는 곳은 크게 학교 내와 학교 밖으로 구분될 수 있다. 학교 내의 프로그램은 정규 교과 수업을 제외하고 재량활동과 특별활동 등이 대표적이고 학교 밖에서는 청소년 문화전문교육기관과 최근 그 중요성이 더욱 높아져가는 기업 문화센터가 대표적이라고 할 수 있다.

① 초·중·고등학교 내 문화관련 교육

가. 초등학교 특별활동, 재량활동 우수사례

다음의 표는 2005년 서울특별시 교육청에서 발간한 '2004년도 특별활동 우수학교 실천 사례' 보고문에 수록되어 있는 초등학교 33개교 중 서울 홍릉초등학교, 서울 은평초등학교, 서울 고산초등학교 등 3개교의 사례를 선정, 문화 관련 교육 프로그램의 분석한 결과이다.

초등학교 특별활동, 재량활동 프로그램 현황

구분	서울 홍릉초등학교		서울 은평초등학교		서울 고산초등학교		계	비율
프로그램 수	40개		70개		38개		148개	100%
학습	한자 교실, 바르게 읽기지도, 경필부, 수학, 독서도우미, 수학경시반		윈도우기초, 워드·인터넷, 과학실험A·B, 영어회화A·B·C, 창의력교실, 과학상자, 한자부, 논술부, 수학나라, 한글나라, 숫자나라, 생각을 모아요, 도움국어, 독서부, 칠교부, 생각하는 수학, 숫자놀이, 독서교실, 논리수학, 책읽기, 하이잉글리시, 재미있는 셈놀이, 수학 도우미, 인터넷 학습부, 재미있게 배우는 영어, storytelling, 보충수학		중국어1·2, 일본어, 영어회화, 컴퓨터, 과학상자		42개	28.3%
	6개	15.0%	30개	42.9%	6개	15.8%		

구분						계	
예술	오카리나, 탈춤, 리코더, 종이접기1, 종이접기2,조각그림 맞추기		도예, 바이올린A,B,C, 플룻A,B, 종이접기A,B, 풍선아트, 서양화 기초, 창의적 표현 미술, 디자인 기초, 전래동요, 소금, 단소, 장구, 수채화, 오색나라, 신나는 미술부, 리코더앙상블, 종이나라, 수예부, 종이접기, 미술교실, 합창부, 십자수A·B, 글짓기		메이킹북디자인, 지점토공예, 나도화가, 만들기, 하모니카부, 노래마당, 기타로 연주를, 플룻, 음악감상, 동요 부르기, 리코더, 스킬자수, 테디베어만들기, 십자수 A·B·C,퀼트		52개	35.1%
	6개	15.0%	28개	40.0%	18개	47.4%	
문화 (문화 콘텐츠)	민속놀이1·2, 만화그리기, 영화 따라잡기, 민요 부르기, 영화감상, 실내민속놀이, 동화구연, 서울탐구, 연극, 국제펜팔, 동화나라,퍼즐나라,동시나라,블록쌓기, 독서,글짓기·색채공부, 손가락 공부		만화그리기, 바둑A·B, 마술부, 플래시 애니메이션, 보드게임,		동화구연, 만화그리기, 탱크램1·2, 뜨개질, 나도 영화비평가, 우표취미교실, 칠교놀이, 네모로직		34개	23.0%
	19개	47.5%	6개	8.6%	9개	23.7%	
체육	태권도, 배드민턴, 농구교실, 댄스 스포츠, 음악 줄넘기, 월드컵축구, 구기교실		풋살, 축구교실, 징검다리 무용부, 등산부		탁구, 음악줄넘기1,2, 농구, 자전거하이킹		15개	10.1%
	7개	17.5%	5개	7.1%	5개	13.2%	
기타	방송반, 체험학습		옹기종기사랑방				3개	2.0%
	2개	5.0%	1개	1.4%	0개	0%	

* **자료원** : http://www.sen.go.kr/index.jsp,2005.

초등학교 내 재량 교육 프로그램은 학습과 예술, 문화, 체육 그리고 기타 프로그램으로 분류할 수 있다. 그중에서 가장 비중이 높은 것은 예술교육 프로그램(35.1%)이다.

반면 문화교육 프로그램은 최근에 들어 그 수가 증가하고 프로그램의 내용도 다양성을 보이고 있지만 양적 측면에서 볼 때 아직 23.0%로 전체 교육의 주류를 이루고 있지는 않다. 그런 중에도 문화콘텐츠 관련 프로그램(만화, 영화, 연극 등)의 도입은 매우 긍정적인 것으로 평가될 수 있다. 특히 플래시 애니메이션(은평초등학교)과 같은 첨단 기술의 분야를 비롯하여 서울탐구(홍릉초등학교)와 같은 지역 문화 교육 프로그램은 초등학교 문화 교육 프로그램의 좋은 예가 될 수 있을 것이다.

초등학교 프로그램에서 특기할 것은 체육 교육 프로그램이다. 이는 전체에 10% 이하를 보여 양적으로 빈약하기는 하지만 그 중에서도 긍정적인 것인 음악 줄넘기(홍릉,고산초등학교), 댄스스포츠(홍릉초등학교) 등과 같이 현대적 필요에 맞는 프로그램이 개발되고 있다는 점이다.

대체적으로 초등학교내의 문화 관련 교육 프로그램은 과거에 시행해 왔던 예술 위주, 학습 위주의 교육 프로그램을 중심으로 운영되고 있으며 최근에 와서 문화 및 기타 프로그램으로의 부분적 보완을 중심으로 확장하는 과도기적 성향을 모습을 보이고 있다.

나. 중학교 특별활동, 동아리, 계발활동 우수사례

다음의 표는 2005년 서울특별시 교육청에서 발간한 '2004년도 특별활동 우수학교 실천 사례' 보고문에서 전체 중학교 22개교 중 서울 예일중학교, 서울 영원중학교, 서울 덕산중학교 등 3개교에서 실시한 프로그램들이다.

중학교 동아리, 특별활동, 계발활동 프로그램 현황

구분	서울 예일여자중학교		서울 영원중학교		서울 덕산중학교		계	비율
프로그램 수	42개		71개		47개		160개	100%
학습	한자기능, 독서토론, 일어, 영어 듣기, 도서반, 컴퓨터, 로봇제작		역동적인독서활용법, 컴퓨터 활용반, 과학도서를 활용한 탐구 활동반, 동화책을 활용한 독서지도반, 문학 활동반, 영어 동화 읽기반, 신간서적연구반, 과학 실험반A·B, 아주 쉬운 영어읽기반, 스크린영어반, NIE독서교육반, 영상매체를 통한 독서반, 독서 신문제작반, 독서퀴즈반, 도서부		과학반, 과학영재반, 도서반, 발명반, 수학경시반, 일어반, 영어회화반, 한자인증반.		31개	19.4%
	7개	16.7%	16개	22.5%	8개	17.0%		
예술	무용,관현악, 한지공예, 비즈공예, 요술풍선, 연극, 합창, 드럼, 십자수1·2, 종이접기, 선물포장, 문학창작.		리코더 합주반, 구슬공예반 1·2·3, 십자수반A,B, 리본-펄프공예반, 한지공예반, 생활 도자기반.		기악합주반, 도예반, 밴드반, 비즈공예1·2반, 수채화반, 십자수, 종이접기반, 풍선공예반, 발레		33개	20.6%
	13개	31.0%	9개	12.7%	11개	23.4%		
문화 (문화 콘텐츠)	문화감상, 퀼트, 만화, 스포츠 마사지, 재즈댄스, 힙합펑크, 탭댄스, 테디베어1·2		영화연구반1·2·3 과학영화비평반A·B,문화체험반1·2·3, 과학대중문화탐구반, 비디오게임반, 멀티게임반A·B, 독서문화연구반, 렌주(일본오목)반, 뮤직비디오만들기반, 영화만들기반, 힙합댄스반, 코스프레반, 테디베어반A·B, 프라모델반		마술1·2반, 만화창작반, 바둑반, 역사 드라마반, 영화감상반, 애니메이션 감상반, 코스튬플레이반, 테디베어반, 힙합댄스반		40개	25.0%
	9개	21.4%	21개	29.6%	10개	21.3%		

	요가1·2, 볼링, 인라인스케이트, 배드민턴1·2, 댄스스포츠		배드민턴반, 볼링반, 당구반A·B, 사격반, 등산반, 수영반, 인라인 스케이트반, 산악반1·2·3		등산반, 볼링1·2반, 배드민턴1·2반, 포켓볼반, 싸이클반, 스케이트반, 축구반, 헬스1·2반, 인라인스케이트반		31개	19.3%
체육	7개	16.7%	11개	15.5%	13개	27.7%		
기타	심성수련, Y-Jesus, 제과제빵, 방송반, RCY, GS		자연 체험 활동반, 조리반A·B, 제과 제빵반A·B, 고적 답사반, 환경보존반, 인터렉트반, 역사 탐방반, 청소년 연맹 누리단, 기독교반, 문학기행반, 선물포장반, 방송반		또래상담반, 방송반, 환경봉사반, 제과·제빵반, 홈페이지반		25개	15.6%
	6개	14.3%	14개	19.7%	5개	10.6%		

* 자료원 : http://www.sen.go.kr/index.jsp,2005.

　학습과 예술, 문화(문화콘텐츠), 체육 그리고 기타 교육 프로그램으로 분류했을 때 중학교 문화 관련 교육 프로그램은 모든 학교에서 학습, 예술, 문화, 체육 프로그램 모두에 균등한 비중을 두고 프로그램을 운영하고 있는 것으로 나타났다. 특히 학습 연관 프로그램과 예술 교육의 비중이 초등학교에 비해 줄어들고 문화와 체육 관련 교육 프로그램이 늘어나면서 전체적으로 균형 잡힌 프로그램의 면모를 보이고 있다.

　또 한 가지 프로그램의 내용면에서도 초등학교와는 사뭇 다른 모습을 보이고 있는 것을 알 수 있는데 그것은 보다 더 세분화되고 전문화된 영역으로의 진출을 의미한다. 예를 들어 구슬 공예, 십자수, 풍선 공예와 같은 문화적 성향을 내포한 예술 교육 프로그램의 등장과 힙합

동아리 한마당 행사

펑크, 테디 베어 심지어 코스프레와 같이 트렌디한 주제의 교육 프로그램이 선보이고 있다. 이는 중학교에서의 문화 관련 교육이 변화하는 피교육자의 관심과 흥미에 보다 더 관심을 기울인 흔적이라고 긍정적으로 평가할 수 있다.

하지만 이는 교육 프로그램의 과정에 대한 부분만을 평가한 것으로 이런 학교 내 교육을 통해 얼마나 높은 수준의 교육적 성과를 얻을 수 있는지에 대해서는 별개의 문제이다. 예를 들어 또한 문화관련 교육 중 '애니메이션 반'(덕산중학교)의 경우 1학년 때는 만화에 대해 기초를 배우고 2, 3학년 때에는 '컷 만화그리기' 프로그램으로 진행하는데 그 수업의 양이 기본적으로 연간 4회 배정되어 3년간 교육에 참가하는 시간이 총 12회에 불과하다는 점은 생각해 볼 필요가 있다.

그럼에도 불구하고 중학교 내 문화 관련 프로그램에 대해 긍정적 평가를 할 수 있는 것은 프로그램을 대하는 관점의 부분이다. 단순히 학습 프로그램에서도 '역동적인 독서활용', '과학도서를 활용한 탐구 활동'(영원중학교) 등과 같이 문화적 관점을 함유한 교육 프로그램을 제시하고 있는 것은 긍정적이라고 할 수 있다. 또한 직접 '만들기' 프로그램(뮤직비디오, 영화 등)과 같이 문화콘텐츠 교육에 근접한 프로그램도 긍정적으로 평가할만한 시도라고 할 수 있다.

전체적으로 볼 때 중학교 내에서의 문화 관련 교육 프로그램을 보면 그 양과 비중, 그리고 그 교육의 주제면에서 초등학교에 비해 훨씬 현대적 관점에 접근하여 있고 피교육자의 관심의 변화와 흥미에 맞추려는 다양한 시도의 긍정적 모습을 찾아 볼 수 있다.

다. 고등학교 특별활동, 동아리, 계발활동 우수사례

고등학교 프로그램은 2005년 서울특별시 교육청에서 발간한 '2004년도 특별활동 우수학교 실천 사례' 보고문에서 전체 고등학교 18개교 중 서울 경복고등학교, 서울 당곡고등학교, 여학교인 서울 경기여자고등학교 등 3개 학교를 선정하여 그 프로그램을 분석하였다.

고등학교 동아리, 특별활동, 계발활동 프로그램 현황

구분	서울 경기여자고등학교		서울 경복 고등학교		서울 당곡 고등학교		계	비율
프로그램 수	63개		62개		35개		160개	100%
학습	도서반, 시사영어반, 한자쓰기반, 영어소설읽기반, 독서지도반, 소설읽기반, 수리탐구반, 영미문학반, 고전읽기반, 시사토론반, 수학반, 생활영어반, 기하학반, 과학탐구반, 생활과학반, 전산반, 물리반, 화학반, 생물반, 지학반, 영자신문반, 영화속 과학읽기반1,2, 네모로직반,		도서부, 물리부, 화학부, 생물부, 지구과학부, 항공우주부, 전산부, 응용과학부, 영자신문부, 영어회화부, 역사칼럼부, 시사연구부, 신문사설반, 펜글씨반, 영어독서반, 독서1·2·3·4반,		생물반, 과학실험반, 시사연구반, 실용영어반, 천문반, 도서반, 독서감상반, 발명반, 전산반,		53개	33.1%
	25개	39.7%	19개	30.6%	9개	25.7%		

예술	사진반, 십자수반, 고전음악감상반, 리본공예반, 우리음악감상반, 관현악반, 밴드반, 사물놀이반, 미술반, 합창반, 클래식 음악감상반		미술부, 중창단, 국악부, 기타부, 음악연구부, 흑인음악창작		소리샘(합창반), 미술감상반, 십자수반, 사진반,		21개	13.1%
	11개	17.5%	6개	9.7%	4개	11.4%		
문화 (문화 콘텐츠)	문학비디오반, 한국영화읽기반1·2, 팝뮤직감상반1·2, 전쟁사연구반, 영화비평반1·2, 올드팝송감상반, 세계문화연구반, 독어연극반, 프랑스문화반, 영화제작반, 일본문화연구반, 만화연구반, 영화감상반1·2, 교지편집반, 시쓰기반		연극부, 만화연구부, 사진부, 마술연구부, 환타지연구부, 그룹사운드, 영화제작부, 게임연구부, 보드게임연구부, 인터넷반, 영화감상반, 문예부, 시사랑반,		가요 댄스반, 문화 답사반, 에누리(만화반), 영화감상반, 홈페이지반, 문예창작반, 교지편집반		39개	24.3%
	19개	30.2%	13개	21.0%	7개	20.0%		
체육	배드민턴반, 국선도단전호흡반		역도부, 태권도부, 농구부, 축구부, 스포츠댄스부, 테니스1·2반, 배드민턴반, 체력단련반, 육상부, 아이스하키부, 농구부, 볼링부		축구반, 농구반, 탁구반, 배드민턴, 자전거반, 마라톤반, 만보걷기반, 헬스반,		23개	14.4%
	2개	3.2%	13개	21.0%	8개	22.9%		
기타	가정반, 밀알반, 방송반, YMCA, 유네스코반		방송부, 자원봉사부, 환경봉사단, 모형무선조정, YMCA, 한별단, 기독교반, 진로탐색반, 프로그래밍반, 국제이해부, 인권평화연구반,		방송반, 하람(기독교)반, 제과-제빵반, 진로정보반, RCY, 통일연구반, 국제이해반,		24개	15.0%
	6개	9.5%	11개	17.7%	7개	20.0%		

* **자료원** : http://www.sen.go.kr/index.jsp, 2004.

고등학교 내에서의 문화관련 교육 프로그램을 보면 초등학교에 이어 또다시 학습 프로그램(33.1%)의 비중이 높아진 것을 알 수 있다. 반면 예술 교육 프로그램은 13.1%로 가장 적으며 문화(문화콘텐츠) 교육 프로그램과 분류될 수 없는 기타 프로그램의 수가 늘어 보다 다양한 프로그램을 보유하고 있음을 알 수 있다.

또한 여자 고등학교와 남자 고등학교의 차이가 유의미하게 나타나고 있음도 고등학교 내 문화 교육 프로그램의 특징이다. 여자 고등학교의 경우 상대적으로 문화 관련 프로그램의 비중이 높은 반면 체육 프로그램은 극단적으로 저조하여 단순히 피교육자의 관심이라고만 하기에는 부적절한 편중을 보이고 있음을 지적할 수 있다.

고등학교 내 프로그램의 특징 중 하나는 다양한 세계 문화체험을 위한 문화교육 프로그램이 보이는 것이다. 세계 문화 연구반, 독어 연극반, 프랑스 문화반, 일본 문화 연구반(이화여자고등학교) 등과 국제 이해부(경복, 당곡고등학교) 등과 같은 프로그램은 세계화 시대를 맞아 다양한 접근이 가능한 프로그램으로 평가될 수 있다.

초·중·고등학교 전체 프로그램 현황을 살펴보면 초등학교에서는 실기를 중심으로 한 예술교육의 비중이 상대적으로 높고 중학교에서는 전 분야의 비중이 비교적 고르게 분포되다가 고등학교에서는 예술교육의 비중이 줄어들고 여타 분야의 비중이 높아짐을 알 수 있다. 또한 학습 교육의 비중은 전 단계에 걸쳐 고르게 높은 비중을 차지하고 있는데 특히 고등학교에 와서 전체 교육 프로그램 중 초·중학교와 비교해 볼 때 학습관련 프로그램의 비중이 높은 것은 아직 우리나라의 고등학교 교육이 대학입시와 직접적으로 연결되어 있고 또 이런 입시에 대한 원천적 부담으로 인해 동아리 활동, 특별활동까지도 학습 중심으로 집중화되어 있음을 보여준다. 이는 보다 비판적 시각에서 볼 때 고등학교의 문화 교육 프로그램은 결국 입시의 과중함 속에서 문화 그 자체가 교육의 목적이 아니라 단순한 학습의 수단적으로 이용되고 왜곡된 문화 교육의 결과를 불러올 수 있다는 우려를 갖게 한다.

반면에 긍정적인 것은 기호와 시대의 변화에 학교에서 나름대로 적절한 대응과 변화를 적극적으로 시도하고 있다는 점이다. 특히 학습 프로그램이라고 하더라고 문화적 감성을 반영, 교육 효과를 높이려는 긍정적 시도를 많이 볼 수가 있었다.

② 학교 밖 전문 문화교육기관 프로그램 사례

청소년의 문화 관련 프로그램을 운영하고 있는 대표적인 기관으로는 청소년 전문 문화 교육기관과 기업에서 운영하고 있는 문화센터를 들 수 있다.

그중에서 청소년 전문 문화 교육기관을 대표하는 곳은 문화원과 문화학교이다. 문화원은 1965년에 지방문화원진흥법 개정과 그 시행령이 제정·공포되면서 각 문화원이 특수사단법인으로 등록되었고 정부의 보조금과 시설의 무상대여를 받을 수 있게 되었다. 이때부터 그 수가 더욱 증가되어 1999년에 200개 이상 지방 문화원이 설립되었고, 2005년 3월까지 전국에 280개 이상의 문화학교가 있다.

전국 문화원, 문화학교 지역별 분표도

지 역 명	기 관 수	지 역 명	기 관 수
강원도	57	서울특별시	37
경기도	30	전라북도	16
경상북도	31	전라남도	39
경상남도	24	충청북도	17
대구광역시	11	충청남도	23
대전광역시	11	울산광역시	5
부산광역시	22	인천광역시	8
제주도	13	총	282

* 자료원 : 문화관광부

가. 전문 문화 교육기관 프로그램

청소년 전문 문화교육기관 프로그램의 경우는 다른 교육 기관보다 훨씬 문화적으로 집중되어 있는 모습을 보이고 있다. 특히 대전의 장대 청소년 문화의 집의 경우 프로그램의 수는 다른 대전 평송 수련관이나 서울 중부 수련관에 비해서는 적지만 무엇보다 설립 목적에 맞게 학습 프로그램은 개설하지 않고 예술과 문화 교육 분야에 집중하고 있는 것은 주목할 만한 부분이다.

2006년 청소년 문화 전문교육기관 프로그램 현황

구분	대전 장대문화의 집		대전 평송청소년수련원		서울 중부청소년수련관		계	비율
프로그램 수	20개		37개		45개		102개	100%
학습			독서논술, NIE글짓기, 창작교구수학, 영어기초 및 문법, 영어원어민회화, 과학실험교실, 발표력		초등한자박사, Speaking& Writing, 기초영문법, 중국어, 생활일어,생활영어, 창의적 글쓰기, 동화구연		14개	13.7%
	0개	0%	7개	18.9%	7개	15.6%		
예술	사자춤공연, 사물놀이, 단소, 풍물, 서예, 요술풍선교실, 창작공방		데생과 스케치, 드럼, 하모니카, 동요, 바이올린, 플룻, 기타 ,발레, 서예, 도예, 미술, 오카리나,하모니카, 단소, 칼라믹스		밸리댄스, 칼라점토, 플룻, 성악, 오카리나, 창작미술, 합창반, 오케스트라반, 연극반, 종이공예		32개	31.4%
	7개	35.0%	15개	40.5%	10개	22.2%		
문화 (문화 콘텐츠)	청소년 문화축제, 동아리축제, 역사문화기행, 청소년문화기행, 한산모시관견학, 장애아동과 함께하는 문화축제, 카트라이더게임경진대회		유행댄스, 마술따라잡기, 청소년 요리		퓨전 컬쳐 프로그램, 영화감상, 마임놀이, 온-오프 게임반, 만화일러스트, 생활마술, 해리포터 체스교실		17개	16.7%
	7개	35.0%	3개	8.1%	7개	15.6%		
체육	포켓볼, 탁구		축구, 탁구, 수영, 요가, 인라인스케이트, 스포츠댄스		요가, 검도, 농구, 인라인스케이트, 발레, 배드민턴, 축구, 에어로빅, 필라테스		17개	16.7%
	2개	10.0%	6개	16.2%	9개	20.0%		
기타 & 체험교육	문화 체험학교, 직업체험교육, 철새 탐조활동, 갈대밭 체험		리더십, 경제교실, 음악회참가, 지역 멘토와의 만남, 생태학습, 봉사활동		일본전통놀이체험, 영국전통놀이체험, 프랑스의 문화예술, 미국의 서부개척의식배우기, 장애청소년 나들이, 길거리문화페스티벌, 자원봉사자반, 청소년 옴브즈만, 역사체험, 자원봉사, 또래상담, 수화반		22개	21.6%
	4개	20.0%	6개	16.2%	12개	26.7%		

또한 청소년 전문 문화교육기관의 특색은 문화와 관련된 체험교육의 비중이 높다는 점이다. 문화체험 프로그램 중 일본 전통놀이 체험, 영국 전통놀이 체험, 프랑스의 문화예술, 미국의 서부 개척의식 배우기 등의 프로그램은 세계 여러 문화를 체험할 수 있는 기회를 제공하고 있다. 또한 길거리 문화페스티벌은 청소년 스스로가 청소년 거리축제를 시행하고 있다. 학생들은 가상 페스티벌이라는 기획을 통해 창의력을 증진하고 있고, 이러한 기획을 통해 또 하나의 청소년 문화축제를 만들며 실현하고 있다.

이런 문화 전문 교육 기관의 프로그램들은 청소년 문화 교육의 새로운 대안으로 제시되고 있으며 학교 내 프로그램과 보완적으로 발전하여 다양하게 제시되고 있는 것으로 평가할 수 있다. 그러나 프로그램의 종류에서 볼 때 문화산업 시대에 적합한 실질적, 기능적 분야에는 아직까지 미진하다는 것을 볼 수 있다. 즉, 과거부터 진행되어 오는 예술교육과 최근에 그 관심이 높아지고 있는 문화교육 분야에는 나름대로 그 성과를 인정할 수 있으나 산업적 측면에서 그 수효가 높이 기대되는 문화콘텐츠 분야의 교육에까지는 아직 이르지 못하고 있는 것으로 나타나고 있다. 그 원인에 대해서는 다각적 측면에서 연구가 진행되어야 하겠으나, 자녀의 미래와 직업 선택에 보수적인 우리나라 부모들의 기본적 관념과 그에 따른 경영상의 문제가 가장 큰 원인이라고 할 수 있다.

나. 기업 문화센터

기업은 문화 교육에서 또 하나의 중요한 위치를 차지하고 있는 경영상의 주체이다. 하지만 기업 문화센터는 '문화'라는 명칭을 갖는 것이 어색할 정도로 문화와는 거리가 먼 교육 프로그램을 가지고 있다. 본격적인 문화 교육 프로그램은 단 한 개뿐으로 전체에서 1%의 비중도 확보하지 못한 실정이다. 대부분이 학습 프로그램(38.0%)이고 예술교육 프로그램(27.7%)의 비중도 매우 높은 편이다. 그래도 긍정적인 것은 체험 프로그램의 비중(기타 프로그램을 포함해 31.4%)이 높고 또 그 프로그램의 내용도 상당히 우수하다는 점이다. 하지만 이 또한 시의성을 너무 반영하여 보다 직접적인 문화교육 또는 문화콘텐츠교육과는 거리가 있다.

2006기업 문화센터 청소년 문화관련 프로그램 현황

구분	대전 세이 백화점 문화센터		대전 타임월드백화점 문화센터		이마트		계	비율
프로그램 수	57개		48개		32개		137개	100%
학습	한자365, 초등문학논술, 주니어 스피치교실, 이야기로 배우는 초고속 한자학습, 주니어토익, 세계사추론과 감각의 세계, IQ–Ker, 영어동화, 창의개발 로봇축구, 웅변, 버그박사 창의과학, 로봇제작 과학교실, 피그마리오실감수학, 마인드맵, 젬프셈, A+과학교실, 손으로 생각하는 수학, 초등브레인팝 세계사, 하이파이셈, 초등영어, 창의력논술 독서교실, 동화구연과 논술, 글짓기 교실, NIE교실, 논술과 토론, 중학생이 읽어야 할 도서, 고학년 우수 선정도서		니하오마 중국어, 발표력향상교실, 레고 과학교실, 창의 독서 논술교실, 초등 프뢰벨 논리수학, 동화 마인드맵, 열린 생각교실, 점프 셈 주산교실, 점프 셈 수학교실, 지혜를 기르는 글쓰기 교실, 토론과 리더, 뫼비우스 수학 교실, 한자 마인드맵		창의스쿨, 수학나라, 독서, 논술, 영어스쿨, 뮤직 잉글리시, 독후감상문&기행문 쓰기, 과학의 원리를 이용한 창의력교실, NIE로 배우는 역사, 버그박사 창의교실, 생활과학, NIE인체탐험, NIE 우리나라 지도여행		52개	38.0%
	27개	47.4%	13개	27.1%	12개	37.5%		

예술	바이올린, 플룻, 드럼, 뎃셍&스케치, 국악 교실, 한국무용, 트윈클 발레, 서예교실, 단소, 홍선생 미술, 모던기타(일렉트릭, 베이스), 클라리넷, 하모니카		그림그리기, 칼라믹스, 발레, 오카리나, 하모니카, 도예교실, 힙합 재즈댄스, 연극, 뮤지컬교실, 장구, 단소, 키크는 재즈댄스, 수채화, 성악, 바이올린, 공작교실, 드럼, 플룻		도자교실, 닥종이 인형만들기, 물레체험 도자교실, 도자기 헨드페인팅, 창작 종이공예, 밸리댄스, 창의미술	38	27.7%
	13개	22.8%	18개	37.5%	7개	20.0%	
문화 (문화 콘텐츠)	뮤지컬–연극 백설공주공연반					1개	0.7%
	1개	1.8%	0개	0%	0	0%	
체육	요가				음악 줄넘기 단기완성, 힙합 재즈교실,	3개	2.2%
	1개	1.8%	0개	0%	2개	5.7%	
기타 & 체험교육	오대산, 서해의 비경 채석강, 천연의 늪 창녕 우포늪, 봉평 허브농원, 대관령 눈꽃축제 양떼목장, 화성 타조마을, 청풍 문화단지와 장회나루, 영덕 보경사와 해돋이의 명소 호미곶, 아산 세계 꽃 식물원과 스파비스, 겨울 철새학교, 녹색연합과 함께하는 갈대밭 체험학습, 엄마랑 함께 미술관 여행, 청학동 예절 서당 예절교육, 양평 신로리 마을에서 민속 체험학습, 인제산천어 잡기		철새 탐사하기, 대청호견학, 대기오염 조사하기, 도예 공방체험, 화폐 박물관 견학, 지질박물관 견학, 자연사 박물관 견학, 우편 집중국 견학, 지방 법원 견학, 하회 마을 안동 견학, 영원 산천마을 견학, 강원도 철원기행, 서울청계천 견학, 판소리의 고장 고창이야기, 부여 곤충 박물관 견학, 조선의 한양모습 체험(경복궁, 인사동),방송국 견학		클래식 이야기 공연관람, 음악 평론가와 함께하는 오케스트라 공연관람, 무대 위에서 직접지휘 체험, 연극관람, 뮤지컬관람, 다양한 음악과 함께 왈츠 배우기, 오케스트라 악기 체험, 도심 속 영어체험 마을, 내 꿈은 연예인(연예인체험), 내 꿈은 의사선생님,(꼬마 의사 선생님이 되어본다), 내 꿈은 선생님,(교사의 일과에 체험)	43개	31.4%
	15개	26.3%	17개	35.4.5%	11개	31.4%	

　　최근 문화는 기업을 비롯 정부, 기관의 중요한 마케팅 활동의 영역으로 관심의 집중을 받고 있다. 마케팅에서의 문화는 단순히 직접적 영업이익의 분야만이 아닌 소비자를 상대로 한 호의도와 선호도 그리고 충성도의 제고와 같은 차원에서 적극 검토되고 있다. 이런 관점에서 기업에서는 기업 문화센터의 존재 가치에 대한 보다 심도 있는 질문이 필요할 것이다. 이익 창출이라는 관점에서만 문화센터를 바라보는 현재의 시각에서 탈피하여 향후를 위한 효율성 높은 프로모션의 장으로 보는 관점까지도 적극적으로 검토할 필요가 있다. 이렇게 볼 때 현재 기업 문화센터에서 개설하고 있는 프로그램은 몇 가지 문제점을 드러낸다. 물론 문화 관련 교육은 대중적 관심을 기본으로 함은 당연하지만 또한 일정한 선도의 역할을 해야만 한다. 현재 소비자들의 관심이 부족하다고 해서, 그리고 '흥행'만이 유일한 프로그램 개설의 이유가 되어서는 곤란하다.

③ 청소년 전문 문화 교육 사례

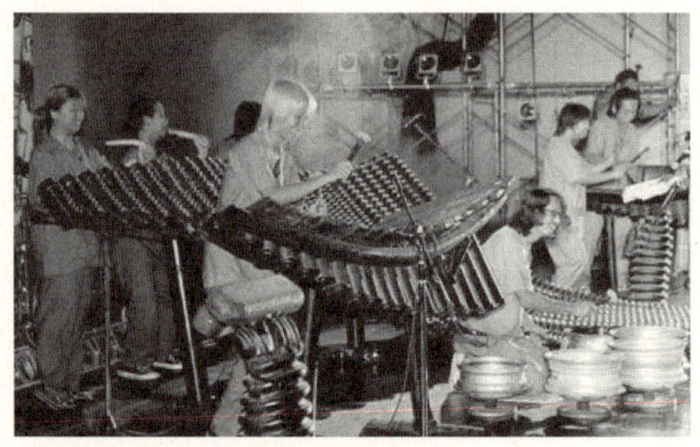

하자 청소년 작업장 '재활용 상상 놀이단'

　　청소년 문화교육프로그램의 대표적 사례 중 하나는 서울에 위치한 청소년 하자 센터이다. 이곳은 일, 놀이, 자율의 작업장 문화학교로서 1999년 12월 18일 개관한 참여 교육기관으로 '하자 청소년 작업장'을 통해 '하나의 프로젝트를 같이 하자', '하하하하, 하자'라는 슬로건을 가지고 서울 시립 기관으로 운영되는 곳이다.

하자센터에서는 효과적인 교육을 위해 2001년 9월부터 장기적이고 체계적으로 자기 삶을 설계하려는 학생들이 참여하고 있는데, 학생 수가 최대 100명을 넘지 않고 있다. 기존의 교육기관이 목표로 하고 있는 졸업장, 자격증 취득을 넘어 스스로 삶을 업그레이드하자는 취지로, 하자센터는 일, 놀이, 자율의 관점에서 직접 경험을 중시하면서 10대에서 20대를 넘어 다양한 연령층을 대상으로 프로그램을 운영하고 있다. 특히 5개 작업장인 대중음악, 영상, 생활디자인, 웹, 시민문화 작업장을 두어 그곳에서 청소년들이 장인들과 함께 지속적인 문화작업을 하면서 자신의 소질을 발견하고 성장하며, 나아가 직업에 대한 탐색을 하도록 돕고 있다.

하자센터는 소규모 학교로서 맞춤학습과 네트워크에 의한 학습, 작업을 통한 학습 등을 도입한 새로운 도시형 대안학교로, 2003년부터 졸업생을 배출하면서 청소년의 새로운 성장 모델을 구체화시키고 있다. 청소년들 스스로가 자기주도식 학습 능력을 기르는 것을 강조하여, 이를 지원하기 위한 다양한 프로그램과 풍부한 인적 네트워크를 형성하고 있다. 또한 '글로벌 여행 학교'를 만들기 위한 작업도 기획에 들어가는 등 대형 프로젝트 개발을 본격화하고 있다. 이처럼 하자센터는 작업장, 하자 작업장학교, 대형 프로젝트의 세 축이 상호 작용을 하면서 계속 진화하고 있다.

하자 센터 5개의 작업장 프로그램

영 역		작업장에서 하는 일
대중음악		대중음악 작업장은 청소년들이 대중음악을 익히면서 스스로 만들어 가는 음악 학교이다.
영 상		영상작업장은 카메라에 달려 있는 사각의 작은 창을 통해 자신의 이야기를 영상으로 이야기하는 방법을 배우는 곳이다.
생활디자인	시각 작업장	일상에서 당장 쓰이는 명함, 액세서리, 패션, 도예, 모든 것을 디자인하고 있다.
	패션 작업장	옷만이 패션이 아닌 그 틀에서 벗어나 창의적 패션을 발견하는 자기만의 트렌드를 만들고 있다.
웹		웹 작업장(Web Factory)은 온라인으로 세상을 보고자 하는 사람들이 모여 있는 공간으로 청소년들이 인터넷과 관련된 직업을 미리 체험해 보는 곳이다.
시민문화		시민문화작업장은 10대가 이 사회의 당당한 시민으로 살아가는 법을 생각하는 작업장으로 십대 페미니스트들이 인권에 대해 토론하고 연구하는 10대의 인권 연구 모임이다.

　　하자센터의 대표적인 5개 작업장의 프로그램 중 첫 번째 '대중음악 작업장'은 직접 작업을 하며 다양한 음악작업의 틀과 작곡 기법을 익히며 자기만의 음악 만들기, 사운드 엔지니어 길을 찾아가는 문화체험 교육을 실시하고 있다. 두 번째 '영상작업장'에서는 스스로 시나리오를 짜고 기획과 연출, 제작과정의 전반적인 프로젝트를 시행하고 있다. 세 번째 '웹 작업장'의 분야는 크게 웹 개발과 웹 디자인, 그리고 웹 기획으로 구분되어 있다. 먼저 관심사가 결정되면 우선 웹에 관한 기본적인 공부부터 시작하고 어느 정도 기본 작업이 가능해지면 그때부터 다른 친구들과 팀을 이루어 프로젝트를 진행하고 있다. 네 번째 '생활디자인 작업장'에서는 스스로 만들고 싶은 생활소품들을 디자인하여 마지막 프리마켓까지 운영하는 대안을 만들어

주고 있다. 모두가 새로운 문화시각에서 학생들에게 즐기면서 일할 수 있는 프로그램을 제공하고 있다는 점에서는 바람직스럽다.

하자 센터 교육 프로그램

구분	작업장 명	프로그램
학습관련	우리마을학당	글쓰기 독립 워크숍, 상상놀이 한자, 청소년을 위한 영어 학습 가이드, 십년 배운 영어 총정리 하기
예술관련	우리마을교습소	악기프로젝트 A, B, 밴드기타 프로젝트, 드럼 프로젝트, 보컬트레이닝 A, B
문화관련	10대 문화 작업장	윙크하자, 사운드 디자인, 책 만들기, 재활용 예술 상품 만들기
	20대 문화 작업장	하자의 명함 숍(Name Factory), 여행하는 스토리숍(Beattoe express), 아시아 소녀들의 디스토리 페스티벌
기타&체험	놀자 프로젝트	재활용 상상놀이, 하자센터 라디오 프로젝트, 디지털 프로젝트, 틴틴 이코노미, NC 하자 글로벌 네트워크

또한 하자센터는 위의 표와 같이 학습과 예술 문화의 기타 체험 프로그램을 가지고 있다. '틴틴 이코노미' 프로그램은 청소년의 경제 프로젝트로, 경제 신문 읽기, 사업 기획서 작성과 주식 투자 전략, 단기 창업 체험 등의 프로그램으로 진행되고 있어 청소년이 스스로 자기 주도적 경제주체로 성장하는데 도움을 주고 있다.

2004년에 출범한 '재활용 상상놀이단'은 하자의 프로젝트가 어떻게 진화하는지를 보여주는 대표적인 사례이다. 청소년 단원들은 워크숍 강사나 악기 제작자로 성장하여 '하고 싶은 일

하면서 먹고 살자'는 하자의 모토를 구체화하는 모델이 되고 있다. 이러한 모토의 구현을 통하여 하자센터는, 지금의 청소년들이 끊임없이 고민하는 교육과 놀이, 직업과의 연계교육 방안을 제시하고 있다. 이렇듯 하자에서는 예술과 놀이, 문화 활동을 교육적 경험의 모체로 삼아 나아가 직업으로 연계할 수 있는 체험 문화프로그램을 제시한다는 것이 큰 장점이라고 할 수 있다.

❹ 문화콘텐츠 생산자 육성

다른 산업과 비교해 볼 때 문화산업에서 '사람'의 역할은 거의 전부라고 할 수 있을 정도로 매우 중요한 요소를 차지하고 있으며 문화 인재의 육성은 문화 산업의 발전에 필수 요건일 수밖에 없다. 그런 의미에서 초·중·고등학생을 대상으로 한 문화 관련 교육에 대한 철저한 검증과 합리적 방안 마련은 문화적 인프라 건설의 역할을 하는 일이라고 할 수 있다.

현재 학교 내 교육에서 실시하는 재량활동과 동아리·계발활동 등을 통한 문화 교육이 점점 자기주도적 문화 활동으로 변화되고 있는 현상은 긍정적으로 평가할 수 있다. 또한 문화 관련 교육 프로그램이 학교 내에서만이 아니라 사회적으로 광범위하게 전개되는 현상도 대단히 바람직한 현상이라고 할 수 있다. 특히 학교를 중심으로 한 공교육 기관이 시대적 변화에 발빠르게 대응하면서 새로운 시도를 하고 있다는 점은 높이 평가할 필요가 있다.

반면에 학교나 사설 문화 교육 기관에서 아직도 입시 중심의 사고, 학습 중심의 활동 등의 모습이 깊게 자리 잡고 있다는 것 또한 부인할 수 없다. 한국의 독특한 입시 문화를 생각할 때 피할 수 없는 현상이지만 학부모와 교육 기관, 그리고 학생 모두에게 문화의 중요성에 대한 전반적이고 포괄적인 교육이 필요한 것이 아닌가 하는 생각을 하게 만드는 대목이다. 특히 사회의 한 축을 담당하고 있는 기업의 문화센터 역시 이러한 사회적 흐름에 편승할 뿐, 새로운 조류를 창출해보고자 하는 노력이 보이지 않는다는 점은 매우 아쉬운 대목이다. 청소년들의 가능성을 십분 이해하면서 '창의성'과 '자발성'에 집중하는 문화교육, 소질과 적성의 계발을 병행하는 문화교육을 통해 개인은 물론 지역 문화산업의 기초가 튼튼히 만들어질 수 있을 것이다.

(2) 수동적 수용자에서 적극적 수용자로

문화산업 성장에서 필요로 하는 기반 요소 중 가장 중요한 것은 해당 문화콘텐츠를 적극적으로 즐기고 애용하는 소비 집단의 적극적인 육성과 활동이다. 문화산업의 건전한 소비자를 육성하기 위해서는 단순히 수용자 교육만을 통해 이루어질 수는 없다. 다른 산업과 달리 문화콘텐츠의 소비 집단은 소비만을 하는 대상이 아니라 생산과 소비를 동시에 하는 사람들을 중심으로 수용자들이 형성된다는 특징을 가지고 있기 때문이다. 대표적인 문화콘텐츠 장르 중 하나인 음악 장르를 예로 보아도 해당 지역의 음악공연문화콘텐츠의 활성화를 위해서는 전문 또는 비전문 아마추어 단체의 적극적인 활동이 전제되었을 때 해당 문화콘텐츠의 질적·양적 발전을 기대할 수 있다. 따라서 음악콘텐츠의 발전을 위해 중요한 것은 다양한 형태의 '단체'구성이 중요한 기반 요소라고 할 수 있다. 특히 지방 도시의 경우 문화콘텐츠 장르별 단체는 해당 문화콘텐츠 발전의 수준을 가늠할 수 있는 가장 중요한 척도가 될 수 있으며 이들의 운영 정책을 통해 문화콘텐츠 기반 구축의 정책적 방향을 결정할 수 있다.

　본 장에서는 많은 문화콘텐츠 장르 중에서 가장 대표적인 분야인 '음악공연콘텐츠' 분야를 선정하여 지방 도시에서 현재 음악공연콘텐츠가 얼마나 활성화되었는지를 '단체' 측면에서 파악해 보았다. 음악 공연 문화는 문화콘텐츠 여러 분야 중 가장 기본적이고 핵심적인 분야라 할 수 있고 또 일반 도시민들이 생활 속에서 가장 밀접하게 접촉할 수 있는 대표적인 문화 분야로 관람과 참여라는 도시민의 복합적 문화 향수를 파악할 수 있는 분야이다. 이를 위해 선택된 도시는 충청남도 천안이다. 천안은 전통적으로 충남 북부에 산업과 문화의 중심을 이루고 있는 거점도시로서 2000년 이후 고속철도의 개통과 천안아산역의 건설, 9개 대학의 정착, 신규공장 건설 및 산업단지의 확장 등으로 지역 대표 도시로의 역할을 더욱 강화하는 곳이다. 특히 2004년 12월을 기해 도시 인구가 50만 명을 돌파하면서 명실상부한 지역 거점 도시의 위치를 확립해 가고 있어서 대표적인 지역 도시의 모습을 보이고 있는 도시이다.

　또한 문화적으로도 천안은 2005년 대규모 공연장인 '봉서홀'의 건립, '시립오케스트라'의 창단 등 최근 문화적 기반시설에 대한 투자를 확대하고 있는 것은 물론 흥타령 축제, 전국 사이버 체전 개최 등 문화 전반에 대한 가치 확장과 투자 활성화가 이루어지고 있는 도시여서 한국의 지방 도시로서 공연의 질적·양적 성장이 이루어져가는 모습을 검토해보기 좋은 표본이 된다.

❶ 천안시의 음악공연 단체

　음악공연문화에서 음악단체는 문화산업의 소프트웨어(software)이다. 현대에 와서 문화산업에 콘텐츠웨어(contentsware)의 중요성이 강조되고 있지만 소프트웨어의 발전과 발달은 콘텐츠웨어의 성장을 위해 하드웨어(hardware)와 함께 발전되어야 할 핵심적 기반이라고 할 수 있다.[72] 음악단체는 음악공연문화를 구성하는 핵심단위인 동시에 음악공연콘텐츠를 생산하는 대표적인 주체 세력이다.

천안시 소재 음악단체 현황

구분		단 체 명	운영주체	설립연도	단원구성			단원수	공연횟수 (2005년)
					전업	전공자 동호회	동호회		
서양음악단체	기악	충남교사관악합주단	민간	1993. 12.		○		30명	1회
		한마음실내악단	천안문화원	1994. 4.			○	40명	1회
		학생관현악단	충남교육청	1997. 12.			○	50명	2회
		천안씨빅심포니오케스트라	민간	1999.		○		50명	1회
		천안플룻앙상블	민간	2001. 2.			○	20명	1회
		천안시필하모니오케스트라	민간	2002. 4.		○		15명	7회
		천안시립교향악단	천안시	2005. 6.	○			60명	5회
	성악	천안시립합창단	천안시	1990. 6.	○			60명	47회
		레이디스싱어즈합창단	천안문화원	1992. 10.			○	50명	1회
		글로리아합창단	민간	1993. 7.			○	50명	13회
		글로리아소년소녀합창단	민간	1995. 11.			○	40명	15회
		푸른소리여성합창단	충남교육청	1999. 11.			○	35명	2회

---

72 디지털 문화콘텐츠의 발달과 중요성의 확장에 의해 디지털문화콘텐츠의 발달을 하드웨어 → 소프트웨어 → 콘텐츠웨어 → 아트웨어의 순으로 발달한다고 보고 있으며 이의 발전 과정은 단순히 CT 분야만이 아닌 문화산업 전반에 걸쳐 모두 적용될 수 있다.

구분		단체명	구분	창단일				인원	공연횟수
서양음악단체	성악	천안오페라단	민간	2002.11.		○		20명	2회
		남성합창단	민간	2002.12.			○	30명	2회
		바로크합창단	민간	2002.12.			○	60명	1회
		부부합창단[73]	민간	2003.			○	50명	1회
		교사합창단	충남교육청	2004.11.			○	30명	2회
		그레이스뮤직소사이어티	민간	2006.3.		○		10명	×
국악단체	관현악단	능수국악관현악단	민간	1989.			○	46명	1회
		천안시충남국악관현악단	천안시	1990.11.	○			60명	93회
		학생국악관현악단	충남교육청	1999.11.			○	50명	1회
		교사국악관현악단	충남교육청	2000.12.			○	30명	1회
	풍물단	천안시흥타령풍물단	천안시	1988.11.	○			40명	31회
		학생풍물단	충남교육청	1999.7.			○	45명	1회
음악단체		한국음악협회충남지부	사단법인	1953.6.		○		30명	7회
		한국예총충남지부	사단법인	1962.		○		330명	40회
		학원연합회음악분과충남지부	사단법인	1974.1.	○			450명	3회
		학원연합회음악분과천안지부	사단법인	1978.1.	○			180명	×
		한국음악협회천안지부	사단법인	1983.9.		○		60명	5회
		한국예총천안지부	사단법인	1984.9.		○		80명	15회
		능수음악회	민간	1990.6.			○	80명	3회

---

73 전국 12개 지역에서 부부합창단이 활동하고 있으며 천안은 10번째로 창단됨.

2006년 현재 천안에서 음악공연을 전개하고 있는 단체는 2005년 6월 창단한 천안시립교향악단을 비롯하여 모두 31개 단체가 있다. 그중 서양음악단체는 18개, 국악단체 6개, 예술단체 7개로 구성되어 있다. 서양음악단체 중 11개의 성악단체가 가장 많은 비중을 가지고 있으며 그중 합창단은 9개로 세부 단위에서는 가장 많은 수를 차지하고 있다.

① 운영주체에 따른 분류

음악공연단체의 운영주체는 관립과 민간 그리고 사단법인 등으로 분류할 수 있다. 초기 문화의 태동기 시절에는 관 주도의 음악단체 결성과 운영이 필요하지만 해당 분야 문화의 성숙을 위해서는 민간 등 자발적 단체의 비중이 점차 확대되어야 함이 분명하다. 천안시 음악공연단체 중 관립단체는 총 12개로 전체의 39%를 차지하고 있다. 하지만 전체에서 사단법인단체 6개를 제외한다면 전체의 48%가 관에 의해 운영되고 있는 단체이다. 이처럼 민간의 비율이 낮다는 것은 결국 음악공연단체의 결성이 비활성화되었다는 의미인데, 이는 상업적 측면에서의 비활성화가 민간 음악공연단체 설립에 소극성을 갖게 한다는 의미로 해석할 수 있다.

관립의 운영주체는 천안시와 천안시의 문화 담당 독자기관인 천안문화원, 그리고 충청남도 교육청 등 3개 기관이다. 그중 천안시는 대규모 음악공연단체인 천안시립교향악단, 천안시립합창단, 천안시충남국악관현악단, 천안시흥타령풍물단 등을 운영하고, 천안문화원은 한마음실내악단, 레이디스싱어즈합창단 등을 운영하며, 충남교육청은 학생과 교사 등 학교 내 구성원들의 단체를 중심으로 운영하고 있다.

대표적인 관립 단체로는 2005년 6월에 설립한 천안시립교향악단이 있다. 비록 그 창단은

타 도시에 비해 상대적으로 늦었지만 2000년 이후 급속한 도시 성장을 맞고 있는 천안의 새로운 문화 대표로서의 역할을 수행하고 있다. 또 다른 관립단체인 학생관현악단은 충남교육청 소속으로 클래식 음악의 전공을 목적으로 하는 천안의 초·중·고학생들을 대상으로 구성된 단체로 매년 3월 오디션을 거쳐서 신규 단원을 모집하고 있으며 천안에 설립된 충남예술고등학교와 긴밀한 관계를 갖고 있고 학생 음악공연을 주도하고 있다.

또한 천안은 충청남도 국악 발전의 중심도시로 일찍이 질적으로 우수하고 양적으로도 풍부한 국악단체를 보유하고 있다. 천안은 물론 충남 전체를 대표하는 천안시충남국악관현악단이 천안에 있으며, 초·중·고등학교 교사들로 구성된 국내 유일의 교사국악관현악단, 국악 전공 학생들로 구성되어 있는 학생국악관현악단과 학생풍물단, 그리고 천안의 대표적인 음악인 천안 흥타령을 기반으로 한 천안시흥타령풍물단 등이 활동하고 있다.

민간이 운영하는 단체로는 학생과 교수들의 협연을 위주로 지역 연주자들을 기량 발전을 모색하고 있는 천안씨빅심포니오케스트라와 오케스트라의 대중화를 표방하며 활발한 연주 활동을 하고 있는 천안시필하모니오케스트라, 관악을 전공한 교사들로 구성됐으며 순회 연주를 목적으로 하고 있고 충남 학생들에게 음악을 들려주고 다양한 악기들을 보여주는 교육적 측면의 연주 운영 단체인 충남교사관악합주단이 있다. 또한 천안플룻앙상블과 합창음악을 통하여 복음을 전파하고 지역 주민의 정서 생활 함양과 예배 음악을 주된 무대로 활동하고 있는 글로리아합창단과 글로리아소년소녀합창단이 있으며, 그 외에도 부부합창단, 남성합창단과 바로크합창단 등이 있다.

그리고 오페라 등 수준 높은 공연을 손쉽게 접할 수 있도록 다양한 프로그램을 만들어 활동하고 있는 천안오페라단도 있으며, 청소년을 위한 교육적인 음악회와 해설이 있는 음악회를 열어 청소년과 지역 주민들이 쉽게 이해할 수 있는 음악을 보여주려고 활동하는 그레이스 뮤직소사이어티와 국악의 저변을 확대해 나가고 문화의 지방화 시대에 앞장서 나가기 위해 활동하는 능수국악관현악단도 있으며, 각 음악단체들의 음악회를 후원하고 매년 신진 음악가 지원 프로그램을 개발하며 2000년부터 능수장학회를 설립하여 차세대 지역 음악인을 발굴 지원하고 있는 단체로서 능수음악회가 있다.

사단법인이 운영하는 단체로서는 음악에 적성과 재능이 있는 학생들을 발굴·교육하고 신인 음악인들을 위한 경연대회를 열어 한국 음악계의 힘을 키울 수 있는 기반을 만들어 주는 활동을 하고 있는 한국음악협회충남지부 및, 한국음악협회천안지부가 있다. 또한 충남 전 지역에서 영리를 목적으로 음악학원을 운영하고 있는 원장들이 활동하는 학원연합회음악분과 충남지부가 있으며, 천안시 전 지역에서 음악학원을 운영하고 있는 원장들이 활동하는 학원 연합회음악분과천안지부와 충남예술 문화의 창조적 발전과 예술문화 활성화를 위하여 활동하고 있는 한국예총충남지부, 예술 창달을 통한 삶의 질 향상을 위해 활동하는 한국예총천안 지부 등이 있다.

② 설립년도에 따른 분류

2000년을 기점으로 관립, 민간, 사단법인에서 운영하고 있는 음악공연단체들의 설립시점을 비교해 보았을 때 2000년 이전에는 관립 음악공연단체와 사단법인단체의 설립이, 2000년 이후에는 민간 음악공연단체의 설립이 본격화되었음을 알 수 있다.

특히 2002년에는 4개의 민간 음악공연단체가 설립되고 월드컵 대회의 개최와 한류의 확산 등 국가 전체에 문화 성장과 더불어 천안 음악공연단체의 분야에 있어서도 민간 음악단체 설립의 가장 큰 계기가 된 해라고 할 수 있다.

2000년 이전의 천안의 음악공연단체는 관의 주도하에 운영되었는데 그중 1990년 6월 설립된 천안시립합창단은 천안시립교향악단 설립 이전은 물론 현재까지 천안시 음악공연문화를 대표하는 단체라고 할 수 있다. 그외 2000년 이전에 설립된 관립단체로는 전공을 목적으로 지역 문화 예술 발전을 선도할 학생들로 이루어진 단체로서 1997년 12월에 설립된 학생관현악단, 실내악 발전을 위해 1994년 4월에 설립된 한마음실내악단, 1992년 10월에 설립된 레이디스싱어즈합창단, 어머니 합창단으로서 1999년 11월에 설립된 푸른소리여성합창단 등이 대표적이다.

국악단체는 그 설립 시기가 모두 2000년 이전으로 천안시가 국악 중심의 음악 발전 정책을 시행해 왔음을 알 수 있다. 그것은 충청남도에서 도청 소재지가 있는 대전에는 도립관현악단을 설립하게 되고 공주시에는 시립관현악단을 설립하게 됐으며 천안시에는 시립국악관현악단을 설립하게 됐는데 설립 당시 천안에 소재하고 있는 단국대학교 국악과의 영향력과도 관계가 있다.

민간 음악공연단체 중 2000년 이전에 설립된 대표적 단체는 1999년에 설립된 천안씨빅심포니오케스트라가 있으며, 관악을 전공한 교사들로 구성되어 1993년 12월에 설립된 충남교사관악합주단, 합창 예술 향상에 기여하기 위해 1993년 7월에 설립된 글로리아합창단 등이 있다.

2000년 이후에 설립된 관립에서 운영하는 단체로서 다른 도시에 비해 늦은 출발임에도 불구하고 활발한 활동을 시도하고 있는 천안시립 교향악단이 있으며, 교사들로서의 화합을 위해 2004년 11월에 설립된 교사합창단이 있고, 교사들로서 국악을 널리 알리기 위해 2000년 12월에 설립된 교사국악관현악단이 있다.

형태	연 도	국 악	양 악
관립	2000년 이전	천안시립합창단, 천안시립교향악단, 학생관현악단, 한마음실내악단, 레이디스싱어즈합창단, 푸른여성합창단	
	2000년 이후	천안시립교향악단, 교사합창단, 교사국악관현악단	
민간	2000년 이전	천안씨빅심포니오케스트라, 충남교사관악합주단, 글로리아합창단	
	2000년 이후	천안시필하모니오케스트라, 남성합창단, 바로크합창단	2002년 천안오페라단, 2000년 그레이스뮤직소사이어티, 2001년천안플룻앙상블

2000년 이후에 설립된 민간에서 운영하는 단체들 중에는 2002년 4월 설립 이후 활발한 활동을 보이고 있는 천안시필하모니오케스트라가 있으며, 친목을 도모하고 앙상블의 묘미를 느끼기 위해 2001년 2월에 설립된 천안플룻앙상블이 있고, 합창을 널리 보급하기 위한 부부 모임으로 2003년에 설립된 부부합창단이 있으며, 2002년 12월에 설립된 남성합창단과 바로크합창단, 수준 높은 오페라 무대를 만들기 위해 2002년 11월에 설립된 천안오페라단과 지역 음악인들로 2006년 3월 최근에 설립된 그레이스뮤직소사이어티 등이 있다.

③ 단원구성에 따른 분류

음악공연단체의 성격은 단원들의 구성 성격을 볼 때보다 정확히 분석할 수 있다. 단원의 구성은 우선 전업 단원과 비 전업 단원의 구성으로 나눌 수 있으며 비 전업 단원으로 구성된 단원은 일종의 동호회적 성격을 지닌 단체라고 할 수 있다. 동호회는 다시 정규 음악교육을 공부한 전문가 동호회와 그렇지 못한 일반 동호회로 구분할 수 있다. 단원구성에서 전업 단원으로 구성된 음악공연단체는 음악공연 자체가 직업으로 최고의 전문성을 발휘하고 있는 단체라고 할 수 있다. 전업 단체의 활성화는 음악공연문화 활성화를 위해 우리가 최종적으로 추구하는 목표와 같은 것으로 산업적으로도 성숙된 음악공연문화를 이룰 수 있는 수준이라고 할 수 있다.

천안시 음악공연단체 중 전업 단원으로 구성된 단체는 시립단체의 및 사단법인단체들인 천안시립교향악단, 천안시립합창단, 천안시흥타령풍물단, 천안시충남국악관현악단, 학원연합회음악분과충남지부, 학원연합회음악분과천안지부 등 총 6개 단체로 전체의 19%를 차지하고 있다.

그중 순수 음악공연단체는 학원연합회음악분과 두 곳을 제외한 네 곳으로 13%라고 할 수 있다. 이 4곳은 모두 천안시에서 운영하는 관립 음악공연단체로 민간단체 중 전업 단원을 보유한 음악공연단체는 서양음악과 국악을 막론하고 단 하나의 단체도 존재하지 않는다. 이는 아직 지역 도시의 음악공연문화의 수준이 경영적으로 자립할 수 있는 수준이 아니고 또한 그 시장의 규모가 산업적으로 충분하지 못하다는 것을 잘 보여주는 현상이라고 할 수 있다.

전공자 동호회로서 활동하는 단체는 모두 9개 단체로 전체의 29%를 구성하고 있다. 천안씨빅심포니오케스트라, 천안시필하모니오케스트라, 관악을 전공한 교사들로 구성된 충남교사 관악합주단, 대학교수와 대학강사들로 구성된 천안오페라단, 대학교수와 대학강사 그리고 고등학교 음악교사 및 예술고등학교 강사들로 구성된 그레이스뮤직소사이어티이며, 천안 및 충남지역 중, 고등학교 교사들로 구성되어 활동하고 있는 한국음악협회충남지부 단원 및 회원들과 천안지부 단원 및 회원들, 한국예총충남지부 단원 및 회원들과 천안지부 단원 및 회원들은 모두 음악을 전공하고도 동호회로서의 활동을 하고 있다. 이들 전공자 동호회 음악공연단체는 천안시 음악공연에서 중요한 역할을 담당하고 있다. 이렇게 천안에 전문가 동호회가 활성화된 것은 지역 도시임에도 불구하고 천안에는 지역 내 8개 대학에 음악관련 학과가 있고 이들 학과를 통해 매년 배출해 내는 많은 수의 음악 전공자들과 해당 대학에 관계하고 있는 전임과 비전임 교수 등 풍부한 음악 전문 인력을 통해 이런 전문가 동호회가 상대적으로 활성화되었기 때문이라고 볼 수 있다.

특히 천안오페라단은 지역 도시에서는 쉽게 찾아 볼 수 없는 전문 분야의 음악공연단체이다. 비록 비전임단원으로 구성된 전문가 동호회 음악공연단체이지만 대학교수 등 수준 높은 단원들로 구성되어 2002년 단체 결성 이후 매년 오페라 공연을 개최하는 등 활발한 활동을 전개하고 있다.

반면 비전공자들로 구성되어 있는 일반 동호회 음악공연단체는 음악 전공을 목적으로 활동하는 학생 동호회 단체와 순수 아마추어 단체로 나눌 수 있다. 학생 동호회 단체 중에는 단원의 90% 이상 음악 전공을 목표로 하고 있는 학생관현악단과 성악을 전공하려고 하는 학생들로 구성된 글로리아소년소녀합창단이 대표적이다. 일반 아마추어 동호회로는 한마음실내악

단과 천안플룻앙상블, 레이디스싱어즈합창단 등이 있고, 가장 왕성한 활동을 벌이고 있는 단체 중에 하나인 글로리아합창단을 들 수 있다.

교사합창단은 교사들 중 특히 초등학교 교사들을 중심으로 구성된 단체이며, 취미 활동을 목적으로 하는 푸른소리여성합창단, 부부가 함께 참여해 만남과 화합을 가지고 취미로서 노래활동을 하고 있는 부부합창단, 남성들로만 이루어진 취미활동 동호회단체로서 남성합창단 그리고 바로크합창단 등은 대표적인 동호회 음악공연단체라고 할 수 있다.

또한 국악 분야에서의 동호회 단체로는 국악을 배우기 위해 일반인들로 구성된 능수국악관현악단과 교사들로 구성된 교사국악관현악단, 국악 전공 목적의 학생들로 구성된 학생국악관현악단과 학생풍물단이 대표적이다.

능수음악회는 일반회원과 학생회원으로 구성되어 있는데 일반회원은 음악 전문가들로 주로 장학생선발 연주와 전문 음악인들의 연주기획을 도와주고 있으며 학생회원은 음악을 전공하고 있는 학생들로 구성되어 있다.

이와 같이 비전문가들로 구성된 동호회 음악공연단체는 총 15개로 전체 중 52%의 비중을 나타내고 있다.

④ 단원 수에 따른 분류

음악공연단체의 질을 평가하는 또 하나의 기준은 상시 단원 수이다. 단원 수는 단체의 활성화를 나타내는 기준으로 전업 단체의 경우 공연의 양과 질적 측면을, 비전임 단체의 경우 단체의 활성화를 평가하는 중요한 기준이다.

단원 수에 따른 음악공연단체 분류

구분		단체명	단원 수			인원
			19명 이하	20~49명	50명 이상	
서양음악단체	기악	충남교사관악합주단		○		30명
		한마음실내악단		○		40명
		학생관현악단			○	50명
		천안씨빅심포니오케스트라			○	50명
		천안플룻앙상블		○		20명
		천안시필하모니오케스트라	○			15명
		천안시립교향악단			○	60명
		소 계	1	3	3	7
	성악	레이디스싱어즈합창단			○	50명
		글로리아합창단			○	50명
		글로리아소년소녀합창단		○		40명
		푸른소리여성합창단		○		35명
		천안오페라단		○		20명
		남성합창단		○		30명
		바로크합창단			○	60명
		부부합창단			○	50명
		교사합창단		○		30명
		그레이스뮤직소사이어티	○			10명
		천안시립합창단			○	60명
		소 계	1	5	5	11
		서양음악단체 계	2(11.1%)	8(44.4%)	8(44.4%)	18

		단체명				인원
국악단체	관현악단	능수국악관현악단		○		46명
		천안시충남국악관현악단			○	60명
		학생국악관현악단			○	50명
		교사국악관현악단		○		30명
		소 계		2	2	4
	풍물단	천안시흥타령풍물단		○		40명
		학생풍물단		○		45명
		소 계		2		2
		국악단체 계		4(66.7%)	2(33.3%)	6
예술단체		한국음악협회충남지부		○		30명
		한국예총충남지부			○	330명
		학원연합회음악분과충남지부			○	450명
		학원연합회음악분과천안지부			○	180명
		한국음악협회천안지부			○	60명
		한국예총천안지부			○	80명
		능수음악회			○	80명
		예술단체 계		1 (14.3%)	6 (85.7%)	7
		총 계	2 (6.5%)	13 (41.9%)	16 (51.6%)	31

천안시 음악공연단체 중 단원 수가 50명이 넘는 단체는 총 16개로 전체 중 51.6% 비중을 나타내고 있다. 특히 전업 단원을 가지고 있는 4개의 전업 음악공연단체인 천안시립교향악단(60명), 천안시립합창단(50명)은 50명 이상의 단원을 확보하고 있고, 그외 충남국악관현악단(49명)과 천안시흥타령풍물단(40명)도 공연에 충분한 단원을 확보하고 있는 것으로 평가된다.

비상임 단원으로 구성된 음악공연단체 중 50명 이상의 단원을 확보하여 활발한 활동을 전개하고 있는 음악공연단체는 천안씨빅심포니오케스트라, 학생관현악단과 레이디스싱어즈합창단, 글로리아합창단, 25쌍으로 구성된 부부합창단, 학생국악관현악단이 있고 바로크합창단은 총 단원 수가 60명으로 가장 많은 단원으로 구성되어 있다.

사단법인단체와 능수음악회는 단원이라기보다 회원이란 명칭이 더 적합한데[74] 그중 능수음악회는 일반회원과 학생회원을 합쳐 총 80명의 회원으로 구성되어 있고, 60명으로 구성되어 있는 한국음악협회천안지부와 총 회원 수가 450명으로 구성되어 있는 학원연합회음악분과충남지부, 총 회원 수가 180명으로 구성되어 있는 학원연합회음악분과천안지부, 총 회원수가 330명으로 구성되어 있는 한국예총충남지부, 총 회원 수가 80명으로 구성되어 있는 한국예총천안지부 등이 있다.

단원 수 20명 이상의 중형 음악공연단체는 총 13개로 전체에 41.9%를 차지하고 있다. 주요 중형 단체로는 30명으로 구성되어 있는 충남교사관악합주단, 40명으로 구성되어 있는 한마음실내악단이 있으며, 총 단원 수가 20명으로 구성되어 있는 천안플룻앙상블이 있다. 성악단체 중에는 중형 단원 단체가 가장 많으며 글로리아소년소녀합창단, 푸른소리여성합창단, 남성합창단, 교사합창단과 총 단원 수가 20명으로 상임은 10명과 비상임 10명으로 구성되어 있는

---

[74] 공연단체인 경우는 단원이라 명하고 음악회의 회원들은 회원이라 명한다.

천안오페라단도 중형 규모의 단원을 가진 단체이다. 국악단체의 경우 중형 규모 단체가 4개로 가장 많으며 2개의 풍물단의 단원 구성은 이에 속한다.

단원 수 19명 이하의 소규모 음악공연단체는 단원 수 15명의 천안시필하모니오케스트라와 10명의 그레이스뮤직소사이어티 단 2개로 전체 중 6.5%의 구성을 보이고 있다.

천안시내 음악공연단체는 중형 이상의 규모의 단체가 전체의 93.5%를 차지할 정도로 각 단체는 많은 단원 또는 회원들을 보유하고 왕성한 활동을 전개하고 있다. 단원수의 양적 풍족함은 해당 단체 나아가 지역 음악문화 활성화의 바람직한 현상이라고 할 수 있지만 반면 지역 음악문화의 기반이라고 할 수 있는 순수 동호회 활동 즉, 소규모 음악단체가 비활성화되어 있는 것은 문제라고 할 수 있다. 도시의 음악문화의 발전을 위해서는 전문 단체, 대형 단체와 함께 다양한 규모와 목적의 단체가 공존하는 것이 바람직한 일일 것이다.

⑤ 공연 횟수에 따른 분류

음악공연단체의 운영 현황 중 가장 대표적인 지표는 연간 공연 횟수이다. 공연은 해당 단체 결성에 가장 직접적인 목적인 동시에 지역 도시의 음악공연문화 현황 파악에 가장 실질적인 내용을 구성하는 항목이다. 공연 횟수는 근본적으로 그 횟수가 많을수록 활성화되었다고 볼 수 있으나 비전임, 일반인 동호회의 경우 그 특성상 잦은 공연보다는 연간 1회 정도의 정기 발표회를 갖는 것을 모임의 취지로 삼고 있는 곳이 많고 또 이런 1회 공연을 무의미하다고 치부할 수 없으며 비 전문가단체의 경우 그런 공연만으로도 충분히 의미 있는 행위라고 할 수 있다. 하지만 그런 경우에도 지역 도시 음악공연문화 기반에 있어 공연 횟수가 갖는 의미가 반감되지는 않는다. 도시 전체로 볼 때 연간 개최되는 공연의 양적 측면은 공연의 질적 측면과 함께 중요한 의미를 가지고 있다.

2005년 한 해 동안 천안에서 열렸던 음악공연은 총 305회로 1일 1회에 못 미치는 공연이 이루어졌다. 양적 측면에서 이에 대한 단순 비교할 수 있는 자료는 없지만 1일 1회 미만의 공연은 양적으로 충분하지 않다는 것만은 분명하다.

단체별로 보았을 때 가장 많은 공연을 한 단체는 93회 공연을 갖은 천안시충남국악관현악단이고 천안시흥타령풍물단이 31회 공연을 기록, 국악단체의 공연이 상대적으로 활발한 모습을 보이고 있다. 서양음악단체의 공연 중 가장 높은 빈도를 보이고 있는 것은 47회 공연을 갖은 천안시립합창단이다.

그외 10회 이상 많은 공연을 했었던 음악공연단체로는 공연 횟수 13회의 글로리아합창단, 공연 횟수 15회의 글로리아소년소녀합창단이 있으며 사단법인단체인 한국예총충남지부가 40회, 한국예총천안지부가 15회의 공연을 통해 천안시의 음악공연문화를 주도해 나가고 있다. 2005년 한 해 동안 10회 이상의 활발한 공연활동을 펼친 음악공연단체의 비율은 모두 7개 단체 23%로 나타났다.

2005년 2회 이상 10회 미만의 공연을 했었던 음악공연단체로서 창단과 함께 5회의 공연 횟수 중에 창단 연주회와 젊은 연주자 데뷔연주회가 대표적인 공연이었던 천안시립교향악단과, 공연 횟수 7회로서 정기연주 1회와 초청연주 6회로서 특히 초등학교 초청연주를 많이 하고 있는 천안시필하모니오케스트라가 있고, 공연 횟수 2회로서 정기연주 1회와 순회연주 1회의 공연을 했었던 학생관현악단이 있으며, 공연 횟수 2회로서 정기 연주 1회와 순회 연주 1

회를 했었던 교사합창단이 있고, 공연 횟수 2회로서 정기연주 1회와 순회 연주 1회를 했었던 푸른소리여성합창단과 남성합창단이 있다.

천안오페라단은 2회 공연을 통해 그 존재를 굳건히 하고 있으며, 능수음악회는 5월 실내악 페스티벌, 9월 빼사로 챔버 오케스트라, 10월 능수 현악 콩쿨 등 3회의 음악공연을 자체 기획하여 선보였고, 한국음악협회충남지부는 기획과 경연 공연을 선보이고 있으며 2005년 주요 공연 내용으로는 충남합창경연대회, 향토음악회, 충남청소년신인음악회 등이 있고 총 공연 횟수는 7회였다. 한국음악협회천안지부 또한 기획 및 경연 공연을 주로 하였는데 공연 횟수 5회로서 대표적인 공연이 천안음협경연대회, 천안동요제 등이다. 공연 횟수 3회 이와 같이 10회 미만의 공연과 기획 공연을 했었던 총 11개 단체로서 37%의 비율로 나타났다.

⑥ 문화단체의 육성, 발전 방향

문화콘텐츠의 소비자는 다른 산업의 소비자보다 훨씬 높은 수준의 관여도를 가지고 있다. 따라서 음악공연문화콘텐츠의 발전을 위해서는 해당 문화콘텐츠에 대한 지역의 문화 수용자를 기존의 수동적 수용자에서 능동적, 적극적 수동자로 바꾸는 노력이 핵심적 활동이 될 수 있다. 이는 특정 문화콘텐츠만의 부분이 아닌 모든 문화콘텐츠 장르에 해당되는 일이 될 것이며 이를 위해서는 기존과는 다른 몇 가지 전환적 사고와 행동이 필요하다.

첫째, 행정적 측면에서 지방자치정부의 역할 변화가 필요하다. 과거 문화 발생기에 행정은 문화의 다양한 분야에 직접적 지원을 하는 역할을 필요로 했다. 그 대표적 역할은 진흥과 지원이다. 진흥은 분야의 선택과 정책의 개발을 의미하고 지원은 민간 활동에 대한 적극적인 보조를 뜻한다. 문화 태동기를 지난 오늘날 관에 의한 일방적 문화 진흥은 그 한계가 명확하다. 민간에 의한 단체의 설립과 활동이 확산될 때 본격적인 문화의 꽃이 필 수 있을 것이다. 특히 문화콘텐츠 발전의 과도기 부분에서 관의 적극적인 보조는 매우 중요한 역할을 할 것이다.

둘째, 지역 도시를 구성하는 다양한 단체의 적극적인 참여가 필요하다. 그중에서도 특히 기업과 대학은 가장 중요한 역할을 담당해야만 한다. 기업에 있어 지역 도시는 단순한 생산기지의 역할만이 아닌 기업 발전과 함께 하는 동반자적 위치에서 판단되어야 할 부분이다. 이런 지역 도시에 기업은 다른 어떤 부분보다 도시 문화 발전 부분을 통한 기여를 적극적으로 고려해야 한다. 또한 지역 도시에 속한 대학은 해당 도시와 도시민들에게 더 많은 역할을 담당할 것을 요구받는다. 특히 해당 도시보다 수준 높은 문화적 수준의 시설을 갖춘 대학의 경우 그 시설을 통한 지역 문화에 대한 기여는 반드시 이뤄져야 하는 기본적 요건이라고 할 수 있으며 인력 양성을 가장 큰 목적으로 하고 있는 대학이 음악공연단체 구성 및 음악공연기획 분야에 대학 차원에서 보다 적극적으로 참여하는 것도 검토가 필요한 부분이다.

셋째, 해당 분야 전문가들의 실험적이고 과감한 도전 정신이 필요하다. 문화의 성공은 다른 어느 분야보다도 창의력 높은 전문가의 적극적인 도전이 필요하다. 언젠가는 지역 도시를 기반으로 한 문화단체의 성공적 활동이 나타날 것이고, 이를 위해서는 실패를 두려워하지 않는 문화 전문가들의 다양한 시도가 끊임없이 이어져야 한다.

마지막으로 준전문가 수준의 문화콘텐츠 전문가를 양성할 수 있는 교육 시스템의 구축이 필요하다. 평생교육은 문화산업에 있어서 가장 중요한 요소 중 하나이며 문화콘텐츠 분야의 교육은 능동적 소비자를 양성할 수 있는 가장 좋은 방법일 수 있다. 교육 시스템은 교육의 주

체와 교육시설, 교수요원 등의 충족을 통해 가능해지는데, 그중 관, 대학, 기업, 전문가는 교육 부분에 직접 또는 공동으로 참여해야 할 주체와 교육 시설 제공, 교수요원 양성의 역할을 수행해야만 한다.

(3) 문화콘텐츠와 마케팅의 만남

문화마케팅은 '문화적 자원의 마케팅적 이용'을 핵심적 가치로 하는 마케팅 활동이다. 문화마케팅에 대한 관심과 논의가 활발해지면서 문화마케팅은 여러 분야에서 다양하게 활용되고 있는 것이 사실이다. 그중 문화마케팅은 그 다양한 마케팅 주체 ─ 기업 또는 지방자치단체, 비영리법인 등 ─ 가 그들의 가지고 있는 원천 자원의 영업 및 마케팅 활동에 직·간접적 요소로 문화적 요소를 적극 활용하는 마케팅을 말한다. 흔히 'XX마케팅'할 때 'XX'는 마케팅의 '대상'이 되는 경우(예 : 귀족마케팅, VIP마케팅, 브랜드마케팅 등)와 마케팅의 '수단'이 되는 경우(예 : 칼라마케팅, 스포츠마케팅, 관계마케팅 등)가 있는데 문화 마케팅은 최근 기업을 비롯한 마케팅 단위에서 가장 활발하게 사용되고 있는 '수단으로서의 마케팅'의 대표라고 할 수 있다.

흔히 문화마케팅이라 하면 그 주체가 기업 또는 지방자치 등과 같은 대규모 조직만의 전유물이라고 생각할 수 있으나 지역에 기초 경제 활동을 책임지고 있는 소규모 점포에서도 충분히 전개할 수 있는 것이 문화 마케팅이라고 할 수 있다. 특히 점포 단위의 문화 마케팅 전개는 작게는 해당 점포 성장의 훌륭한 방편이 될 뿐 아니라 점포들을 통해 해당 지역의 문화적 수준이 발전될 수 있다는 거시적 성과를 동시에 얻을 수가 있어 지역 문화 성장이라는 큰 역할을 기대할 수 있다.

소규모 점포의 문화 마케팅 사례는 다양한 분야에서 발견되고 있으며 그중에서도 가장 활발한 분야는 커피하우스에서 찾아 볼 수 있다. 커피는 단순한 음료를 넘어 오랜 역사 속에서 만남과 교류가 강조되는 문화적 상징성을 가지고 있다. 커피하우스에서 커피를 마시는 행위는 단지 커피를 마시는 것이 아니라 커피하우스의 분위기를 함께 마시는 것이라고 볼 수 있다. 또한 커피하우스는 지역밀착형 문화마케팅의 대표적 성격을 가지고 있다. 지역밀착형 문화마케팅은 특정 지역에 문화적 상품을 판매하는 것만이 아니라 문화적 가치를 전달하는 것이며 함께 공감하고 즐기고 누리며 그 안에 빠지는 것이라 할 수 있다. 현대인들의 바쁜 일상은 상품을 구매하거나 특정 문화상품을 향유하는 데 있어 더 많은 물리적, 공간적 제약으로 작용하기 때문에 이러한 지역밀착형 문화마케팅의 중요성은 향후 더욱 커질 것이다.

커피하우스가 갖는 문화공간으로서의 다양한 기능은 다음과 같이 요약될 수 있다. 첫째, 사람들을 모이게 하는 기능을 하고 있다는 점으로써 어떠한 문화적 활동이든 사람이 모일 수 있는 여건과 공간의 확보는 없어서는 안 될 필수적 요인이기 때문에 커피하우스는 문화공간으로서의 가장 근원적 기능을 확보하고 있는 셈이다. 둘째, 전시나 공연 등을 할 수 있는 일정한 빈 공간을 확보하고 있다는 점인데 이러한 공간의 확보 역시 모든 문화적 활동에 불가결한 요인이라 할 수 있다. 셋째, 총체적 의미의 정보, 예컨대 생활이나 문화적 정보 등을 교류할 수 있는 의사소통과 인간적 교류의 역할을 하고 있다는 점이다. 사람들 사이의 활발한 정보교환과 의사소통은 창조적 문화 활동의 중요한 밑거름이 된다는 점에서 소규모 커피하우스는 문화공간으로서의 토대를 확보하고 있다고 할 수 있다. 끝으로, 변화와 변신이 비교적 용이하다는 점을 들 수 있다.

❶ 소규모 커피하우스의 문화마케팅 실천 사례

① 문화콘텐츠 형태별 분류

소규모 커피하우스의 형태로 운영되는 문화마케팅이란, 문화적으로 이루어지는 모든 마케팅활동을 의미한다고 할 수 있다. 문화는 예술을 넘어 상징, 의미, 가치, 정서를 포함하는 포괄적 개념이라 할 수 있기 때문이다. 특히 현대는 개개인의 다양성과 개성이 존중되는 시대이기 때문에 새로운 문화적 내용을 담은 커피하우스들이 속속 등장하고 있다.

그중에는 오직 커피의 맛을 마케팅의 최고 가치로 여기는 커피하우스나 다양한 이벤트를 개최함으로써 고객의 시선을 끄는 매장, 그리고 시각적 감상을 통해 다양한 볼거리를 제공하거나 고객들의 학습욕구를 자극하여 매출을 높이는 커피하우스 등 다양한 형태들이 있다. 또한 시중에서 구하기 힘든 독특한 문화상품을 판매하거나 개인의 건강과 쾌적한 삶의 가치를 추구하는 고객들의 눈높이를 맞춤으로써 고정 고객들을 확보하는 커피하우스 등도 그 규모와 숫자가 증가하고 있다. 그밖에 재즈와 클래식 등 전문 음악만을 들을 수 있는 전통적 형태의 음악청취 형 커피하우스나 작품성 높은 영화를 통해 고객을 확보하고 있는 영화감상 형 커피하우스 등도 가장 본래적인 의미의 문화마케팅 사례로서 열성 고객 확보를 용이하게 하고 있다. 이들을 문화 콘텐츠 형태별로 분류하면 커피문화 지향형, 문화이벤트형, 갤러리형, 웰빙라이프 지향형, 북카페형, 공연형, 기타 등으로 분류해 볼 수 있다.

문화콘텐츠 형태별로 구분한 대표적인 커피하우스(2006)

구 분	내 용	주 요 고 객	사 례
커피문화 지향형	커피의 맛과 품질을 추구하며 원천적 의미의 커피 문화 지향	커피 본래의 맛과 향을 찾는 마니아 계층	다동커피집 전광수 커피하우스 허영만의 커피볶는집
문화이벤트형	고객의 직접 체험과 참여	문화활동에 직접 참여함으로써 문화욕구 충족하려는 고객	해열제 퍼플레인 로베르네집
갤러리 / 박물관형	다양한 형태의 전시	미술 감상 통해 문화욕구 충족	닥터와 왈츠만 나비공간 토아트갤러리앤 C/H
웰빙라이프 지향형	건강 및 삶의 질 향상 추구	건강한 생활과 여유로운 삶에 관심 있는 층	테이크어반 잔디와 소나무 아루이선
북카페형	책과 커피가 있는 공간	독서와 문학에 관심 있는 고객	진선북카페 북스 반디
공 연 형	실연공연 즐기기	커피를 마시면서 박진감 넘치는 실연공연을 즐기는 고객	꼴레 알렉산더 화수목
기 타	종교형 테라스형 정보제공형 물품판매형 아카데미형	기독교인 이국적 정취 특정 정보습득 특이한 물품 구매 어학습득	천안천성교회북카페 분당 테라스카페거리 드레스를 입은 남자 불룸앤구떼 아이하우스

② 커피문화지향형 커피하우스

와인과 함께 커피는 맛과 품질을 최우선 가치로 추구하는 것으로 유명하다. 커피 본래의 향과 맛을 추구하는 고품질 커피문화지향형은 국민들의 소득 수준의 향상과 세계적 원두커피 판매점들의 한국 내 진출 이후 많은 사람들에 의해 선호되고 있는 문화적 현상이다. 특히 커피를 단순히 마시는 행위에 국한하지 않고 만드는 과정에 보다 초점을 맞춰 그것 차체를 하나의 문화적 현상으로 만든 것은 충분히 문화마케팅의 한 콘텐츠로서 커피를 활용하고 있다고 볼 수 있다. 또한 로스팅 교육, 커피 강좌 등의 교육 프로그램과 연계한 것은 대표적인 소규모 점포에서 이뤄질 수 있는 문화마케팅이라고 할 수 있다. 대표적인 커피문화지향형 커피하우스는 '다동커피집', '전광수 커피하우스', '허영만의 커피볶는집'을 예로 들 수 있다.

다동커피집은, 커피를 추출할 때 추출용 기계인 에스프레소머신[75] 대신 손으로 추출하는 핸드드립방식[76]을 고집한다. 이곳의 운영자인 이정기 대표는 커피교육분야의 전문가로 인정받고 있다. 매장 내부의 인테리어는 소박할 정도로 최소한의 커피 관련 기계와 소품들로만 꾸며져 있는데 특히 이곳에서는 실내에 소규모 교육장을 따로 설치하여 핸드드립교육과 커피평가사 교육 등 커피전문가를 양성하기 위한 교육프로그램을 운영하고 있는 것이 눈에 띤다.

둘째, 전광수 커피하우스는 커피로스팅[77]의 전문가로 알려진 전광수 씨가 운영하는 곳으로 애초 이곳은 커피로스팅 전문교육장으로 활용하기 위해 개점했다고 하는데 커피 볶는 과정을 모두 공개함으로써 고객들이 자연스럽게 커피에 관한 기본적 지식과 관심을 갖게 하였다. 이곳에서는 특히 독일제 프로바트와 일본제 후지로얄[78] 등 세계적으로 그 품질을 인정받는 로스팅 기계를 갖춰놓고 '전광수 로스팅 아카데미'라는 별도의 교육과정을 개설하여 바리스타[79] 양

---

75 에스프레소의 어원은 'express' 즉 빠르다는 뜻으로 커피를 일반 커피메이커처럼 중력에 의해 필터를 통과해서 내려 마시는 것이 아니라 아주 짧은 시간에 고온, 고압을 이용하여 빠르게 원두의 맛과 향을 추출하는 기계를 말한다.
76 커피를 추출하는 방식의 하나로 분쇄된 커피를 여과지에 담고 끓인 물이 담긴 주전자를 손으로 이용하여 추출하는 방식이다. 이 방식은 커피메이커나 에스프레소머신 등 기계로 추출하는 방식과 대비되는 개념으로 추출하는 사람에 따라 그 맛이 다르며 이것이 핸드드립의 매력이자 단점이기도 하다. 또한 동일인이 추출할 때마다 편차 없는 맛을 내기 위해서는 고도의 훈련이 필요한 방식이다.

성 등 커피볶음과 관련한 전문교육을 실시하고 있다.

'전광수 커피하우스'의 유리칸 내부 로스팅실

77 커피로스팅은 커피생두를 볶는 것을 말하며 배전이라고도 한다. 우리가 알고 있는 원두는 갈색이지만 원래 생두는 녹색을 띠고 있다. 커피는 생두의 종류에 따라 그 맛이 다양하지만 로스팅방식에 따라서도 천차만별의 맛을 낼 수 있다.
78 프로바트는 1868년부터 독일에서 생산되고 있는 커피로스팅기계의 대표적 브랜드로 전 세계시장의 60%를 점유하고 있으며 후지로 알은 일본 후지사의 제품으로 일본시장 점유율 1위 제품으로 국내에서는 프로바트에 비해 더 많이 보급된 기계이다.

　이러한 교육과정은 커피에 관심 있는 고객들을 교육생으로 확보하는 데 많은 도움을 주고 있으며 지속적인 고객 확보 및 이들을 충성고객화하는 데 유용한 역할을 하고 있다.

　허영만의 커피볶는집은 10평도 안 되는 작은 공간이지만 매장의 절반을 차지하는 로스팅 기계로 금방 볶은 원두를 즉석 분쇄하여 커피를 주고 있다. 이곳에서는 매주 수요일에 오천 원의 비용만 지불하면 커피도 마시고 무료로 커피강좌도 들을 수 있는 프로그램을 개발하여 운영하고 있다. 이 과정은 커피 소비자들이 저렴한 비용으로 커피 관련 고급 정보를 습득할 수 있기 때문에 고객들의 인기를 끌고 있으며 용이한 고객 확보수단의 하나가 되고 있다.

③ 문화이벤트형 커피하우스

　문화이벤트형 커피하우스는 고객이 커피를 마시면서 특정한 활동이나 행사에 직접 참여하는 형태로 고객 참여형이라고도 할 수 있다. 고객참여형 커피하우스는 점을 보는 사주카페와 같이 이미 보편화된 형태가 많지만 보다 대중적이고 직접적인 문화콘텐츠를 이용한 경우가 최근 많이 나타나고 있다. 예를 들어 인형놀이를 하거나 웨딩드레스를 입어보는 커피하우스, 미팅을 전문적으로 주선하여 고객들이 직접 미팅 당사자가 되는 커피하우스, 밴드음악에 관심 있는 고객들이 직접 연주를 하는 커피하우스 등 다양한 형태로 시도, 운영되고 있었다.

　그 첫 번째 사례는 분장의 묘미를 느낄 수 있는 '해열제'이다. 이곳에서는 삼천 원의 분장 요금만 내면 전문 분장사들이 고객이 원하는 형태의 분장을 해주는데 분장을 마치고 나면 원래의 모습을 거의 알아볼 수 없을 정도로 완벽한 변신이 가능하다. 해열제는 이처럼 자신의 원래 모습과 완전히 다르게 변신하는 체험을 통해 또 다른 자신을 발견할 수 있다는 슬로건

---

79 이탈리아어로 '바 안에서 만드는 사람'이라는 뜻인데 칵테일을 만드는 바텐더와 구분해서 커피를 만드는 전문가만을 가리킨다. 이들은 무엇보다도 커피의 선택과 어떤 커피머신을 사용할 것인지에 대해 알아야 하며 완벽한 에스프레소를 추출하기 위한 방법을 알고 활용할 수 있는 능력을 갖추어야 한다. 또한 각각의 커피에 대한 특징에 대해 알아야 하며 손님에게 커피에 관한 조언을 해줄 수 있어야 한다.

을 내세우고 다양한 가발과 가면, 특이하고 의상과 화려한 액세서리들을 갖춰놓고 있어 많은 사람들이 찾고 있는 곳이다. 특히 여름에는 납량특집이벤트를 개최하거나 크리스마스와 할로윈데이 때에 점포가 위치한 지역일대에서 퍼레이드행사를 펼치며 인근지역주민들에게 다양한 문화적 볼거리를 제공함으로써 절대적인 홍보효과를 거두고 있다.

두 번째로는 '퍼플레인'을 들 수 있다. 타로카드[80]를 활용하여 점을 보거나 심리상담을 해주는 타로카페인 퍼플레인의 실내는 타로카드로 장식된 벽면과 카드시트, 목걸이, 카드주머니 등을 판매하고 있어 일반 커피하우스와 색다른 분위기를 연출하고 있었다. 최근 들어 타로카드는 독특한 서양문화의 하나로 새롭게 인식되면서 인터넷 동호회와 일반 소모임 형태의 다양한 동호회가 활동하고 있기 때문에 비교적 용이하게 고객 확보를 하고 있다.

세 번째 매장은 고객들이 자신들의 작품을 전시하거나 영화시사회, 작품발표회 등 다양한 문화활동을 직접 전개할 수 있는 '로베르네집'이다. 원래 로베르네 집은 파리 리볼리가 59번지에 있는 아틀리에로서 유럽의 불법점거 아틀리에의 시초로 알려져 있다. 불법점거아틀리에란 1999년 가난한 미술가들이 비어 있는 정부건물을 무단 점거해 작업실로 쓰면서 시작됐는데 이후 도심 한복판의 버려진 공간은 가난한 예술가들에 의해 문화적 공간으로 탈바꿈되는 계기가 됐다.

이곳의 이름을 로베르네집이라고 한 것도 누구나 마음껏 작업하고 전시할 수 있는 곳을 지향하는 의미로 지었다고 한다. 이러한 설립배경으로 인해 이곳을 찾는 고객들은 각 분야의 예술가를 자처하는 경우가 많았으며 이곳에서 열리는 각종 전시회가 고객들이 직접 제작한 예술작품들인 회화나 사진, 영상, 설치미술품이라는 특징을 갖고 있다. 또한 매달 가야금이나

---

80 타로카드는 다양한 그림이 그려진 78매의 카드를 뽑아가면서 문제를 분석하고 해답을 찾아가는 방법을 제시하는 일종의 점이다. 타로카드의 기원은 명확히 밝혀지지 않았으나 막연히 옛날 중국, 인도, 아라비아 등 여러 지역에서 유래됐을 것으로 추정되고 있다. 카드의 그림들은 운명의 수레바퀴에서부터 은둔자, 정의의 여신, 광대, 마술사 등 세상의 만물을 대변하고 있어 수만 가지의 해석이 가능하다고 한다.

통기타 연주 등 소규모 공연이 열리고 있는데 이러한 공연 역시 이곳을 찾는 고객들에 의해 자발적으로 이루어지고 있다. 이밖에 비정기적으로 옥상에서 밴드공연을 열거나 미개봉 영화 또는 다시 보면 좋은 영화 등을 함께 보는 등 다양한 문화체험활동을 공유함으로써 고정적인 열성고객들을 용이하게 확보하고 있다.

로베르네집 내부의 한 벽면. 누구나 마음껏 작업하고 전시하는 매장의 성격을 알 수 있다.

④ 갤러리 / 박물관 형

갤러리 형 커피하우스는 다양한 형태의 전시로 볼거리를 제공하여 시각적 감상을 통해 문화적 욕구를 해소하고자 하는 고객들을 유인하는 커피하우스라 할 수 있다. 이러한 갤러리형 커피하우스는 미술품이나 도자기 또는 조각품이나 사진 전시 등 그 종류가 매우 다양하다. 이 중 살아 있는 나비나 보석제품 또는 생화나 과학완구 등을 볼 수 있는 특이한 갤러리 형 커피하우스도 있고 개인이 취미로 수집한 물건들을 전시하면서 고객을 유치하는 개인박물관 형태도 적지 않다. 이러한 개인박물관 커피하우스로는 30년간 수집한 2천여 종의 부엉이 관련 공예품, 미술품 등을 볼 수 있는 부엉이박물관이나 다양한 솟대를 볼 수 있는 솟대박물관, 티벳관련 물품들을 전시하고 있는 티벳박물관, 커피관련물품을 볼 수 있는 커피박물관 등 다양한 형태가 존재하고 있다.

그중 대표적인 갤러리 / 박물관형 커피하우스로는 다음과 같다.

첫째, 우리나라 최초로 커피박물관을 개장한 곳으로 커피관련 도구와 물품들을 한눈에 볼 수 있는 경기도 남양주의 '닥터와 왈츠만'이다. 이곳은 커피나무를 재배하는 것으로도 유명하며 커피품질지향형 커피하우스로 분류해도 손색이 없을 만큼 커피 맛이 고급스러워 많은 커피애호가들이 단골로 찾고 있는 매장이다. 이 박물관은 커피에 대한 지식과 문화를 고객들과 공유하고 소통하며 커피를 체험할 수 있는 공간으로 모두 5개관으로 구성되어 있다.

둘째, 세계적으로 희귀한 나비를 감상할 수 있는 경기도 고양시의 나비공간이다. 나비공간은 일종의 나비박물관으로 실내가 온통 나비로 뒤덮여 있는데 정영운 대표는 자신의 직업이

나비수집가라 할 만큼 나비에 대한 열정이 남다르다. 1998년에 연 이 나비공간은 정 대표가 고등학교부터 30여 년간 수집한 나비를 전시해놓았는데 수백 마리가 넘는 나비로 장식한 실내 공간 외에 커튼, 벽시계, 테이블, 액자 등 웬만한 소품들도 온통 나비로 장식되어 있어 환상적인 분위기를 연출하고 있다.

커피하우스 옆 동 건물의 나비전시관에는 임페리얼호랑나비, 부타이티스, 골리아스, 파라다이어호랑나비, 파필리아, 메리디오나리스, 버드윙, 부엉이나비, 나뭇잎나비 등 세계적으로 희귀한 700여 종의 나비들이 5천 마리 넘게 전시되어 있다. 또한 별도의 나비사육장이 있어 직접 나비들을 기르기도 하는데, 4월에서 9월까지는 언제라도 관람을 할 수 있어 알에서 애벌레가 되고 다시 번데기가 되어 이윽고 나비로 날아오르기까지 전 과정을 살필 수가 있기 때문에 가족 단위의 고객들이 자주 찾는다고 한다.

셋째, 커피를 즐기면서 작품성 높은 도예작품들을 만날 수 있는 도자기 전문 화랑 경기도 이천의 토아트 갤러리 앤 아트커피하우스

커피박물관 제 1전시실에 걸려 있는 사진들

를 들 수 있다. 이천이 도자기의 고장임을 알리는 데 한몫 하고 있는 이곳은 고객들에게 우리나라의 우수한 도자 문화를 접하게 하자는 취지로 운영되고 있으며 커피와 차를 마시면서 도자기를 감상할 수 있도록 꾸며져 있다.

이곳에서는 전통적 기법에 충실한 전통 도자기부터 실험정신 투철한 현대적 감각의 작품까지 다양한 종류의 도자 작품들을 감상할 수 있다. 특히 국내의 도예작가뿐 아니라 일본과 러시아 등 다양한 외국작가들의 작품도 초청 전시함으로써 도자기 본고장인 이천의 명소로 그 명성을 얻고 있다. 또한 이러한 수준 높은 도예작품전시는 고객들에게 도자기에 대한 안목을 넓히는 계기를 마련하여 고정고객확보에도 도움이 되고 있다.

⑤ 웰빙라이프 지향형 커피하우스

웰빙라이프 지향형 커피하우스는 개인의 건강과 함께 삶의 가치와 질을 높이는 일에 관심을 갖는 커피하우스라 할 수 있다. 웰빙라이프 지향은 경제적 여유가 생기면서 속도제일주의로 살아온 기존의 '빠른 문화'에 대한 반성과 함께 현대사회의 주요한 담론이 되고 있다. 이에 따라 커피나 차 한잔을 마셔도 건강과 삶의 여유를 생각하는 사람들이 늘고 있으며 건강을 생각하는 커피하우스들도 다양한 모습으로 증가하고 있는 추세이다.

첫 번째 예로는, 서울시 강남구 압구정동에 소재한 '테이크어반'을 들 수 있다 이곳은 커피와 케이크를 함께 파는 여느 커피하우스와 유사하지만 제공되는 모든 메뉴의 재료가 유기농 제품이라는 점에서 웰빙 지향 커피하우스로 분류할 수 있다. 이곳에서 취급하는 커피는 유기농인증기관의 인증을 받은 오르가닉 멕시칸셀렉트라는 유기농원두로 만든 것이다. 유기농 원두는 반경 5마일 이내에 화학성분 비료를 뿌리는 곳이 없는 지역에서 3년 이상 유기농 공법으로 재배되는 원두를 말한다.

커피와 함께 판매하는 10여 가지 종류의 빵 제품도 모두 유기농 재료를 사용한 이 매장은, 대부분의 고객들이 건강한 먹거리에 관심이 있는 단골고객들이다.

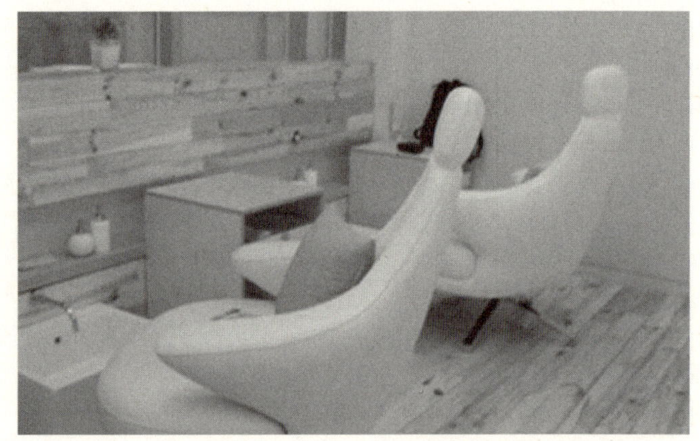

잔디와 소나무 내부에 설치된 족욕 시설

실내에 족욕시설을 마련하고 고객들에게 발마사지 서비스를 제공하는 '잔디와 소나무'(서울 마포)도 웰빙라이프 지향형 커피하우스의 예로 들 수 있다. 이곳에서는 커피를 마시면서 족욕을 할 수 있는 게 특징이다. 실내의 가장 안쪽에 얇은 벽으로 분리된 작은 공간에 다섯 대의 족욕기를 설치하여 고객들이 편안하게 이용할 수 있도록 꾸며져 있다. '발의 기쁨'이라는 안내판이 붙어 있는 이곳에서는 동그랗게 몸을 감싸는 듯한 편안한 의자에 앉아 유리창 밖의 소나무정원을 바라볼 수 있으며 족욕기 옆에 커피나 책을 올려놓을 수 있는 테이블이 있어 이용자의 편의를 돕고 있다.

세 번째 예는, 다양한 기능의 건강차를 마시면서 자신의 체질에 맞는 명상을 체험할 수 있는 '아루이 선'(서울 종로)이다. 서울 인사동에 있는 이곳에서는 전국을 다니며 직접 채취한

약초로 차를 만들어 그 효능을 신뢰할만하다고 알려졌다. 한옥으로 지어진 이곳에는 마당에 틱낫한 스님이 프랑스 플럼빌리지[81]에서 행하고 있다는 걷기명상이 마련되어 있어서 돌 위를 천천히 걸으며 명상을 즐길 수 있다. 또한 명상그림을 바라보고 명상음악을 들으면서 명상에 몰입하는 '그림 명상'도 할 수 있으며 꽃 명상, 곡물 명상, 호흡 명상 등 다양한 명상체험이 가능하다. 참된 자신의 모습을 찾는 여유를 가질 수 있다.

이 매장은 바쁜 직장인들이 시간을 쪼개기 힘든 점에 착안, 누구나 쉽게 편의점에 들러 물건을 사듯 편하게 명상을 즐기자는 개념으로 만들었다고 하는데 외국인 관광객들이 많이 찾는 인사동의 지역적 특성을 고려하여 외국어 통역이 가능한 전문 명상지도사들이 상주하며 외국인들을 대상으로 다양한 명상법을 가르치고 있다. 이처럼 외국인관광객들을 배려한 영향으로 최근 유럽과 미주지역에서 들어오는 외국인관광객들을 모집하는 여행업체들의 패키지 상품으로 선정되기도 했다고 한다.

⑥ 북 카페형 커피하우스

북 카페형 커피하우스는 커피를 마시면서 책을 읽을 수 있는 커피하우스를 말한다. 서울 종로구 삼청동 길 초입에 위치한 '진선북카페'는 10여 년의 역사를 가지고 있어 흔히 북카페의 원조라 불린다. 외국서적부터 잡지, 아동도서, 전문서적까지 다양한 책들이 있어 모든 계층의 고객들이 찾는 곳이다.

실내는 예쁜 집에 들어 왔다는 착각이 들만큼 깔끔하고 편안한 분위기가 느껴지며 손님들이 많은데도 소란스러운 느낌이 들지 않는다. 이곳에 비치되어 있는 책들은 시와 수필 종류

---

81 자두마을이라는 의미의 플럼빌리지는 베트남의 승려이자 시인, 평화운동가인 틱낫한 스님이 세운 수행공동체로 종교 간의 벽을 허물고 평화와 영적인 안식을 추구하는 곳이다. 프랑스의 자두 생산지로 유명한 보르도지방에 있기 때문에 플럼빌리지라는 이름이 붙여졌으며 서양인들은 이곳에서 명상하고 깨어 있는 마음을 수행하는 것이 자신들의 종교에 위배된다고 생각하지 않기 때문에 모든 종교인들이 다 찾아온다고 한다.

부터 소설, 자연과학서적, 예술서적 등 다양하기 때문에 어떤 고객이라 하더라도 흥미로운 책을 발견할 수 있다. 1층에는 주로 대중적인 서적이 있으며 전문서적들은 2층에 많이 비치되어 있는데 2층에는 큰 테이블이 있어 여러 명이 앉아 독서토론이나 소모임 세미나를 하기에 적합하게 꾸며져 있다.

두 번째는 대형서점에서도 보기 힘든 화집과 사진집, 아트북 등 비쥬얼 북들이 가득한 '북스'(Vooks, 서울 종로)다. 북스는 '비주얼(Visual)'과 '북(Book)'의 합성어로 '눈으로 보는 책'이라는 의미를 담고 있다. '본다'는 개념이 중심인 만큼 북스 한 편에는 국내외 작가들의 사진과 그림을 별도의 비용 없이 감상할 수 있는 갤러리도 마련되어 있다. 서울 인사동에 위치한 이 매장의 대표자는 편집디자이너로 오랫동안 활동하고 독일에서 출판학을 공부한 경력을 바탕으로 영상매체의 시대에 정지된 영상, 즉 인쇄된 이미지의 매력을 전파하려는 의도로 운영하고 있다.

⑦ 공연형 커피하우스

공연형 커피하우스는 커피를 마시면서 음악이나 패션쇼, 마술 등 실제 공연을 감상할 수 있는 커피하우스이다. 그중 '끌레'(서울 종로)는 재즈의 선율을 라이브로 감상할 수 있는 커피하우스다. 최근 들어 재즈라이브카페와 바가 많이 생겨나고 있지만 이곳은 재즈뿐 아니라 수준급의 국악과 록 음악 공연도 열리는 등 다양한 음악 행사를 시도하는 곳이다. '끌레'는 프랑스어로 '마음의 빗장을 여는 열쇠'라는 뜻으로 사진작가이자 화가인 문순우 대표가 자신의 개인 스튜디오를 개조하여 만들었다고 하는데 실내에는 문 대표가 직접 수집한 구식 사진기,

축음기, 영사기 등 요즘 보기 힘든 60~70년대의 물품들이 가득하게 전시되어 있어 편한 분위기를 연출하고 있다.

98년 4월에 문을 열어 국내 최초의 매직카페로 알려진 '알렉산더'(서울 마포구)는 매일 밤 신기한 매직쇼가 펼쳐지는데 카드, 동전, 담배 등 작은 카페로서 소품을 이용한 클로즈업 매직 쇼부터 모자

끌레에서 젊은 연주자들이 연주하는 모습

속에서 비둘기를 날리는 고난도의 마술까지 50여 종의 다양한 매직쇼를 선보이고 있다. 여기서 펼쳐지는 공연은 스테이지 마술 즉 대형도구를 이용한 무대마술과 손님과 테이블을 두고 이루어지는 맨투맨식 마술인 테이블 매직 등 2가지로 나누어 진행되는데 진열된 마술소품을 이용해 직접 마술을 시연하여 진열된 마술소품을 구입할 수도 있어 매출증대에 도움이 되고 있었다.

'화수목'(서울 강남구)은 소규모 패션쇼 또는 화장품 신제품 런칭쇼와 클럽파티 등 다양한 형식의 전시공연을 선보이며 이벤트 지향의 복합문화공간을 표방하고 있는 곳이다. 이곳은 지하 1층부터 지상 5층까지 커피하우스와 와인바, 뮤직라운지 등을 한데 모아놓아 복합문화

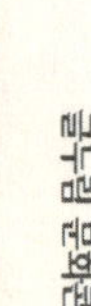

공간을 지향하고 있으며 층의 공간 전체가 다양하면서도 일체화된 공간으로 꾸며져 있는데 그 가운데서 중앙계단으로 연결된 복층구조의 1, 2층은 복합문화공간을 지향하는 이 매장의 특징을 가장 잘 표현하고 있다. 이곳은 커피와 음료를 마실 수 있고 식사를 할 수 있도록 꾸며져 있는데 특히 패션쇼를 할 수 있도록 설계된 것이 특징이며 화장품, 향수 등 다양한 상품들의 런칭쇼와 전문 패션쇼 등을 진행하기에 적합하다.

❷ 소규모 점포의 문화마케팅의 성공 요인

소규모 점포에서의 문화 마케팅은 대기업의 문화 마케팅 또는 지방자치단체의 문화 마케팅과는 비교했을 때 비록 그 규모는 작으나 다양성이란 점에서 커다란 장점을 가지고 있다. 특히 이런 다양성은 지역의 문화적 특성과 연결되었을 때 높은 효과를 나타내고 있다. 이런 소규모 점표의 문화 마케팅이 성공하기 위한 요인으로는 다음과 같은 특징을 발견할 수 있다.

첫째, 다른 어느 분야 못지않게 개인의 완성도 높은 문화적 수준의 달성과 그의 표현이 필요하다. 커피문화지향형, 공연형, 북카페형, 문화이벤트형 등 대부분의 모든 점포들은 그 주인이 오랫동안 한 분야의 문화콘텐츠 장르에서 전문가 또는 준 전문가적 성과를 거두고 있다는 점이다. 결국 지역은 이런 전문가들을 발굴하여 이들이 지역에서 다양한 문화 활동이 가능하게 적극적인 지원을 활성화해야 한다.

두 번째, 소비자의 문화적 참여를 적극화하여야 한다. 단순히 보이는 형태만의 콘텐츠 활용은 문화 마케팅의 소극적 전개라고 할 수 있다. 진정한 문화 마케팅은 소비자들과의 적극적인 어울림과 공감에 있다. 이런 점에서 교육과 이벤트는 문화 마케팅 전개에 가장 훌륭한 방법이 될 수 있다.

세 번째로는 마케팅 기법의 무장이다. 소규모 점포주는 대부분 1인 체제로 구성되어 있어 종합적인 마케팅을 전개할 수 없다. 이로 인해 훌륭한 문화 콘텐츠를 구비해 놓고도 경영적 손실을 보는 경우가 허다하다. 이를 위해서는 무엇보다 점포주 자신의 노력도 중요하지만 지방자치단체와 같은 관이나 소상공인 지원센터와 같은 단체의 지원이 필요하다. 마케팅 기법 또는 경영지원과 같은 개인적으로 곤란한 부분에 대한 관과 단체의 지원은 지역에 특색 있는 문화 콘텐츠를 확보하는 데 중요한 역할을 할 수 있을 것이다.

마지막으로 협동과 협력의 힘이다. 특히 홍보 및 마케팅 프로그램 분야에서는 혼자의 힘보다는 단체의 힘이 중요하다. 공동 홍보, 공동 홈페이지, 공동 소비자 프로그램 등의 마련은 소규모 점포만이 갖는 한계를 극복할 수가 있다.

지역 문화의 발전을 위해서는 다양성과 전문성이라는 두 가지 문제를 해결해야 한다. 그리고 대형과 소형이라는 규모 문제도 해결해야 한다. 특히 문화적 저변의 확대는 지역 문화산업발전에 가장 중요한 기반이 될 수 있다. 이런 점에서 문화의 산업적 활용은 다른 어떤 분야보다 지역 문화 발전에 직접적인 기여를 가져다주는 분야일 것이다.

5. 문화콘텐츠와 도시 이미지

(1) 도시 문화 콘텐츠 기반시설

도시는 사람들이 살아가는 공간이다. 도시라는 공간을 통해 해당 도시인들은 생산하고 소비하며 도시의 일원이 되어 도시와 함께 숨 쉬고 발전하고 또 소멸하고 있다. 대부분의 도시인들은 자신이 살아가는 도시와 함께 성장하고 또 함께 쇠퇴해 간다. 그만큼 도시는 단순한 공간으로서의 의미만이 아니라 그곳에서 살아가는 도시인들의 현재와 미래를 책임지는 중요한 역할을 하는 유기체이다.

최근에는 문화가 도시 발전에 가장 중요한 동력원을 가져다주는 정책 분야로 새롭게 관심을 끌고 있다. 도시는 효과적인 문화 정책 전개를 통해 도시민들의 경쟁력 강화는 물론 도시 스스로의 생산성을 확보할 수 있다는 것을 경험적으로 알게 되었고 다른 어느 것보다 문화정책이 이를 위한 가장 효율적인 방안이란 것을 직·간접으로 알게 되었다. 다양한 문화적 소비 및 향유의 확대와 문화 관련 교육 프로그램의 확충을 통해 도시의 경쟁력 강화라는 정책적 목표가 달성될 수 있었다. 그것은 현대 산업사회에 가장 중요시되는 인간의 창의성을 확보하고 향상시키는 좋은 방안으로 이미 문화관련 교육은 그 높은 효과를 보여 주고 있다. 또한 도시의 발전된 문화적 활동은 도시민들의 삶의 질을 향상시켜 도시 자체에 대한 만족도를 높여 줄 뿐 아니라 도시민들의 의욕과 고부가가치의 활동을 자극하는 기폭제의 역할을 하기도 한다.

또 한 가지 문화 정책의 수립과 활동은 도시의 모습을 바꾸고 기능의 변화를 주는 도시 대변혁의 핵심적 중심이 되고 있다. 예전에는 도시에서 문화시설이라고 할 때 문예회관, 박물관 등과 같은 문화시설의 설립을 의미 하였으나 '문화'가 중요시되는 최근에 와서는 단순히 도시에 살고 있는 도시민들만을 대상으로 한 것이 아니라 전국을 혹은 세계를 상대로 한 도시의 경쟁력의 기반으로서 의미를 갖게 되었다.

도시 문화기반시설에 대해 처음으로 관심을 가지게 된 것은 1970년대이다(이원태, 2004 : 8) 1973년 '문화발전 5개년계획'의 수립과 이를 근거로 한 '문예중흥 장기계획사업(1974)'에서 처음으로 도시의 문화기반시설에 대해 관심을 갖게 되었고 이때 관심을 가졌던 시설은 박물관(미술관)이었다. 그후 문화기반시설의 개념은 도서관과 문예회관, 문화의 집 등으로 발전하여 지금까지 이어져 오고 있다.

이런 점에서 볼 때 현재 정부관점에서 도시 문화기반시설로 지정하여 관심을 가지는 분야는 앞에 서술한 네 가지 시설을 의미한다고 할 수 있다. 물론 이런 시설은 도시의 문화적 소양을 높이는 데 없어서는 안 되는 중요한 시설임은 분명하지만 문제는 이들은 단지 필요조건에 불과하지 충분조건이 될 수는 없다는 점이다. 특히 문화가 하나의 산업으로 인정받게 되고 문화콘텐츠 분야에 대한 중요성이 날로 높아지는 이때, 문화산업 또는 문화콘텐츠 산업의 발전을 위한 도시의 문화기반시설 또한 새롭게 정의되어야 할 것이다.

이런 의미에서 '문화전략(Cultural Strategies)'은 문화를 통한 도시 마케팅이란 측면에서 도시의 다양한 시설을 문화기반 시설로 보고 있다. 그리피스(Griffith, 1995 : 254~255)는 문화전략의 유형을 문화산업모델, 통합모델, 판촉 또는 소비자모델로 나누고 있는데 그 각각에서 문화적 기반시설의 적극적 활용을 이야기하고 있다.

문화산업모델(cultural industry model)은 기존에 도시 경제를 유지하던 기반산업이 쇠퇴하여 제 기능을 못 할 경우 문화산업을 개발하여 도시의 재활성화를 도모하는 전략적 방법론으로

서, 이때 문화는 도시를 재성장시키는 가장 중요한 원동력이 되고 관심을 갖는 도시의 어느 한 곳이 아니라 도시 전체를 변화시켜야 한다. 탄광이 폐광하며 버려진 지역이 휴양도시로 탈바꿈 하는 것은 좋은 예가 될 수 있으며 이때 중점이 되는 문화적 기반시설은 무형의 문화 콘텐츠와 그것을 표현하는 핵심적 시설이 된다.

통합모델(integration model)은 도시의 주민들이 핵심적 관심의 대상이 되는 문화전략이다. 지역에 대한 애착심과 정체성의 확보, 주인의식의 함유가 가장 큰 목적이다. 문화는 지역민의 통합에 가장 중요한 모티프를 제공해준다. 문화적 상징물을 통해 도시 이미지를 창출하거나 지역축제를 통해 지역 주민의 단합을 유도하는 것은 문화를 지역의 통합 매체로 삼는 대표적 인 통합모델이라고 할 수 있다. 서울의 대학로와 인사동, 홍대 앞과 같은 경쟁력 높은 이미지 를 만들어 내는 것, 전주의 한옥마을, 청주의 직지와 같이 지역을 대표하는 이미지를 창출하 는 방법, 지역축제를 적극 활용하는 것 등이 대표적인 예이다.

마지막으로 판촉 또는 소비자 모델(promotion or consumer model)은 이미지를 도시 판촉의 핵심적 수단으로 사용하는 것이다. 도시가 가지고 있던 부정적 이미지를 변화시켜 새롭고 경 쟁력 높은 이미지를 창출함으로써 관광객을 유치시키는 전략이다. 예술을 판촉의 수단으로 사 용하는 미국과 유럽의 많은 도시들에서 쉽게 찾아 볼 수 있는 형식으로 서울의 경우 청계천을 변화시켜 기존의 어둡고 칙칙한 이미지에서 벗어나 밝고 활기찬 이미지로 전환시킨 것은 대 표적인 사례라고 할 수 있다. 문화지구의 조성 등은 중요한 문화기반시설이라고 할 수 있다.

문화기반시설에 대한 의미를 건물에만 국한시키지 않는다면, 보다 많은 것들이 도시 문화 를 구성하고 있음을 쉽게 알 수 있다. 더욱이 문화콘텐츠 산업적 측면에서의 문화기반시설은 문화지구, 문화거리와 같은 유형적인 것에서부터 시작해 도시 이미지, 축제와 같은 무형적인 요소들까지 포함하고 있다.

❶ 유형적 문화기반시설

① 문화지구

2000년 개정된 문화예술진흥법에서는 문화예술을 진흥하고 문화공간을 확충하기 위해 '문화지구'를 새롭게 도입했다. 문화지구란 역사문화자원의 관리·보호와 문화환경 조성을 위하여 필요한 지역을 말한다. 문화지구의 지정조건은 크게 문화성, 역사성, 지역성, 정책성을 들 수 있다.

문화지구의 지정은 시·군·구 등의 신청에 의해 광역지자체의 승인으로 이루어진다. 기초지자체장은 문화예술의 진흥과 문화시설, 문화업종 등 문화자원의 보존·유치를 통한 국민의 문화적 삶의 질 향상을 위해 문화시설과 민속공예품점, 골동품점 등 문화시설이 밀집되어 있거나 이를 계획적으로 조성하고자 하는 지역, 문화예술행사 축제 등 문화예술활동이 지속적으로 이루어지는 지역 등을 문화지구로 신청할 수 있다.

문화지구로 지정되면 문화지구 안에 있는 각종 문화시설 및 업종들은 조세와 부담금을 감면받게 되고 건축기준도 완화되며 국고보조까지 받을 수 있게 된다. 제1호 문화지구는 2004년 4월 서울시가 지정한 종로구 인사동이다.

문화지구는 도시의 특정 문화 콘텐츠나 문화 단위를 육성하고자 하는 목적으로 만들어진 것이지만 지원 대상이 건물과 같은 하드웨어에 집중되어 있어 애초에 의도한 효과를 얻고 있

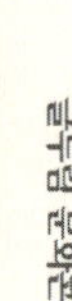

는지 의심스러운 경우도 발견된다. 서울 종로구 대학로의 경우 문화지구로 지정된 이후 건물 임대료가 급증하면서 공연장과 문화예술단체들이 떠나고 그 자리를 유흥업소들이 채우는 현상이 발생하여 문화 지구 지정의 부작용이 지적되고 있기도 하다. 이는 문화콘텐츠산업의 특성상 건물과 같은 하드웨어의 중요성과 함께 각각의 콘텐츠, 그리고 해당 콘텐츠를 만들어 나가는 소프트웨어를 똑같이 중시하고 이 모두를 아우르는 전략적 접근이 부족하기에 일어나는 현상이라고 할 수 있다. 그런 면에서 영국의 문화산업지구(CIQ, Cultural Industries Quarter)는 좋은 사례가 될 수 있다.

영국 쉐필드시에서 처음 사용된 문화산업지구는 지역경제 활성화를 위해 문화콘텐츠 관련 사업을 전략적으로 육성하면서 붙여진 이름이다. 쉐필드는 영화 <풀몬티>의 배경이 된 도시로 과거 철강업 등 제조업으로 융성했으나 산업구조가 바뀌면서 몰락의 길을 걸었으나 문화산업에서 새로운 기회를 발견한 도시이다. 쉐필드는 '문화 및 미디어, 첨단 산업'을 중심으로 한 신경제 전략을 통해 구 공업지구를 문화산업지구로 지정하고 재개발하여 문화콘텐츠산업을 유치하는 전략을 추진하여 세계적인 성공모델로 평가받고 있다.

이렇듯 문화콘텐츠산업에서의 지구단위의 개념은 단순한 지원의 의미 보다는 전략적 접근에 의한 복합 지구로의 전개가 필요하고, 지원만으로 그치는 것이 아니라 콘텐츠 개발 및 활성화를 위한 기획과 마케팅적 접근을 시도할 때 소기의 성과를 얻을 수 있다.

② 문화거리

문화정책으로 문화거리가 공식적으로 논의된 것은 1990년 문화부가 독립부처로 활동하면서부터이다. 1990년 9월 문화부는 지방자치단체에 문화거리를 위한 지역을 선정하고 추진계획을 수립할 것을 시달하였으며, 1991년 4월에는 문화거리 기본방향을 시달하고 사업 추진을 독려했다. 1992년도부터는 대전 문화거리, 전주 문화거리 등을 조성하는 데 필요한 자금을 지원하기 시작하였으며, 천안, 부여, 공주, 온양, 서산 등 문화거리로 조성할 대상지역을 전문가들이 현장 진단하기도 했다.

하지만 문화거리는 법률적 용어라기보다 일상적으로 사용하는 용어에 더욱 가깝다고 할 수 있다. 흔히들 문화지구와 문화거리를 혼동해서 사용하고 있다. 그것은 단순한 용어의 차이에서 오는 것만은 아니라, 거리라는 명칭이 지구보다는 친근하기 때문이다. 개념적으로 말하면 지구는 평면적 공간을 말하고 거리는 같은 공간이지만 이어진 공간을 의미한다. 또한 대부분의 자생적으로 발생한 문화지역들이 원래 거리의 개념으로 일반인들에게 익숙해 있기 때문일 수도 있다. 인사동 거리, 대학로에서처럼 거리는 문화지역을 상징하는 단어로 인식되고 있다.

거리는 우선 통로, 다시 말해서 목적지로 가기 위해 지나쳐 가야 하는 과정으로서의 성격을 띠고 있다. 하지만 언제부터인가 몇몇 거리는 단순한 통로를 넘어 그곳 자체가 목적지가 되기도 한다. 문화거리의 특징은 명확한 주제의 확보와 해당 주제를 표현하는 다양성에서 찾을 수 있다. 패션문화거리나 골동품거리 등은 수많은 개별 전문가(기업체)들이 하나의 주제를 중심으로 집단화해서 전체를 만들어 내고 있는 것이다.

두 번째 특징은 자발성이다. 대부분의 거리는 행정적, 법률적 지정 또는 지원을 받은 적이 없다. 단지 경쟁의 논리, 자본주의 논리에 의해 자연스럽게 한 곳으로 모이게 된 것이다. 세

번째 특성은 역사성이다. 자발적으로 모이다 보니 문화거리는 하루아침에 만들어질 수가 없다. 짧게는 수년 길게는 수십 년에 걸쳐 거리는 만들어지고 그런 긴 과정 속에서 자연스럽게 하나의 문화콘텐츠가 그 거리를 상징하게 된다.

문화거리는 이런 자발성과 집적성을 통해 건전한 경쟁을 할 뿐 아니라 시간의 흐름에 따라 거리 스스로의 성장과 발전을 모색하기도 한다. 그리고 이렇게 성장한 거리는 단순히 거리만의 이미지가 아니라 도시 전체의 이미지를 대표하는 핵심적 요소가 되며 타지 사람들이 그 도시를 방문해야 할 분명한 명분을 만들어 주기까지 한다. 문화거리를 통한 도시의 이미지 구축은 비단 작은 도시에만 국한된 것이다. 뉴욕의 브로드웨이와 런던의 피카디리 서커스, 도쿄의 신주쿠, 파리의 샹제리제 등은 문화거리를 통해 도시의 대표적인 이미지를 획득한 좋은 사례이다. 이렇듯 도시는 거리를 만들지만 거리는 도시에게 이미지를 만들어 주는 역할을 한다. 메가 도시의 경우에는 도시 자체의 규모가 워낙 커서 다양한 콘텐츠를 포함하고 복합적 이미지를 전달해야 하지만 경쟁 시대에 도시는 도시 전체를 하나로 정의할 수 있는 공통된 이미지의 성립 또한 중요하다. 문화거리는 바로 이런 도시 이미지를 만들 때 없어서는 안 될 필수요소이다.

비행정적, 비법률적 개념인 문화거리가 최근 와서 관심을 받는 것은 도시 발전에 있어 문화콘텐츠 산업의 활용 방안이 문화거리의 성장 방향과 대체로 일치하기 때문이다. 또한 문화가 단순히 표현 양식에 그치지 않고 산업적 활성화와 직접 연결되고 있기 때문이기도 하다. 자생적으로 발생한 문화거리는 경제적 논리에 의해 그 생성과 소멸을 거듭하며 스스로의 경쟁력을 확보한 객체만이 문화거리에 합류되어 하나의 단위를 구성할 수 있다.

또한 문화거리는 콘텐츠 중심의 발전이 이루어지는 공간이다. 물론 콘텐츠웨어의 발전을 뒷받침하는 하드웨어와 운영을 뒷받침해 주는 소프트웨어들의 균형적 발전 또한 중요하지만 무엇보다 중요한 것은 경쟁력 높은 콘텐츠의 생산이 전제되어야 한다는 점은 분명하다. 또한 이렇게 생산된 콘텐츠가 마케팅을 통해 문화 소비자에게 효과적으로 전달되는 시스템을 확보할 때 문화거리의 생명력은 강화될 수 있으며 이렇게 형성된 문화거리는 도시문화기반시설 중 가장 중요한 역할과 도시문화발전에 직접적 기여를 할 수 있다.

❷ 무형적 문화기반시설-축제

도시문화콘텐츠기반시설 중 가장 대표적인 것은 축제이다. 흔히 축제는 개최 목적에 따라 주민화합형, 관광형, 산업형, 특수목적형 등 네 가지로 구분한다(유영대 외, 1996 : 104). 주민화합형은 주민화합과 지역문화발전을 목적으로 하고 있으며 관광형은 관광객의 유치와 특산품 판매 등을 통한 지역경제 활성화, 산업형은 관광 이외의 지역의 특정 산업을 발전시키기 위해, 마지막으로 특수목적형은 역사적 인물이나 사실의 추모, 환경보호 등의 특수한 목적을 달성하기 위한 축제이다.

1995년 지방자치제가 본격적으로 실시된 이후 대부분의 지자체는 경쟁적으로 축제를 지역의 장소 마케팅의 수단으로 사용하고 있다. 과거부터 있어왔던 지역 행사를 대규모로 확대하거나 아니면 새로운 아이템을 개발하여 축제를 전개하는 것이다. 다소간의 목적의 차이에도 불구하고 대부분의 도시는 축제를 통해 많은 것을 얻으려고 기대한다. 이는 지역문화의 무형적인 측면을 유형적으로 나타내는 데 유용하기 때문이다. 축제를 통해 도시가 기대하는 것은 지역 이미지 제고, 지역 문화 계승 발전, 지역 경제 활성화, 관광 비수기 극복, 지역 특화산업 발전 등이다(이명숙, 2005 : 47). 실제로 많은 지역의 사례들은 축제를 통해 지역의 비약적 발전을 이룬다는 것을 보여준다. 국내 사례로 볼 때 전라남도 함평은 나비축제를 통해 주민 4만 명의 작은 군에 연간 4백만 명 이상의 관광객이 방문하는 기적을 이루어 냈다. 또한 충청남도 보령도 머드축제로 축제 기간 중 1백만 명 이상의 관광객 방문은 물론 머드로 만든 화장품 등으로 인한 높은 매출을 기록하고 있다.

축제를 통한 성공 사례를 해외에서는 쉽게 찾아 볼 수 있다. 세계가 공인하는 축제의 도시 영국 스코틀랜드 에딘버러시는 축제가 가장 큰 산업인 축제의 도시이다. 이곳에서는 재즈축제, 군악대축제, 영화축제, 민속축제, 책축제, 과학축제 등 20여 종의 축제가 일 년 내내 끊이지 않고 열린다. 인구 43만 명에 불과한 스코틀랜드의 연간 관람객이 1,200만 명이 된다는 점은 축제가 얼마나 많은 사람들을 불러 모으고 실질적인 수입을 가져다 주는지 잘 보여준다. 이 밖에도 맥주 축제로 유명한 독일 뮌헨의 10월 축제는 600만 명 이상의 관광객을 불러 모으고 일본의 오지 삿뽀로에서 열리는 눈축제, 브라질 리오의 카니발, 오스트리아 짤즈부르크의 음악축제 등은 작은 도시를 세계에 알리고 도시가 축제를 중심으로 산업을 발전시킨 사례라고 할 수 있다.

이렇듯 문화산업시대 도시에서의 축제는 단순히 지역민의 화합적 의미와 타 산업의 종속의 개념을 넘어 도시 산업 발전의 중심에 서는 경우를 많이 볼 수 있다. 이런 측면에서 축제는 도시문화발전의 핵심적 기반 시설로의 역할을 기대할 수 있는 것이다.

도시 발전에서 문화산업의 중요성이 날로 강조되면서 도시문화콘텐츠 기반시설 또한 그 중요성이 증가하고 있다. 대부분의 도시에서는 도시문화콘텐츠 기반시설을 만들거나 이전에 경시되었던 부분을 발전시키기 위해 많은 노력을 기울이고 있다. 하지만 이런 문화콘텐츠 기반시설을 만들어 나간다는 것은 결코 쉬운 일이 아니다. 특히 모든 도시가 동일한 비전을 가지고 동일한 기반시설을 만들어 나갈 수 없기 때문에 그 어려움은 더욱 크다고 할 수 있다. 도시는 살아 있는 생물과 같아 스스로의 역사성과 특수성을 바탕으로 개별적 특성에 맞는 발전 방향을 설정할 수밖에 없기 때문이다. 그러나 이것은 역으로 어느 도시든 새로운 발전의 가능성은 열려 있음을 의미하기도 한다. 비록 역사가 일천하고 강조할 것이 전혀 없어 보이는 도시라도 성공을 위한 충분한 가능성을 가지고 있기 때문이다.

(2) 청주 직지문화거리 사례 연구

❶ 직지의 의미와 청주

도시의 대표적인 문화거리를 만드는 데 가장 중요한 것은 콘텐츠 주제의 선정이다. 문화거리의 주제는 문화성과 역사성, 지역성, 정책성을 가져야 한다. 이런 점에서 청주시가 직지를 콘텐츠의 주제로 이용하며 직지문화거리를 지정한 것은 중요한 의미를 갖고 있다.

직지는 현존하는 세계 최고(最古)의 금속활자본으로 원래 명칭은 '백운화상초록불조직지심체요절(白雲和尚抄錄佛祖直指心體要節)'이다. 이 책을 엮은이는 백운 경한(白雲 景閑, 1287~1374)이다. 직지는 그의 나이 75세가 되던 해인 1372년(고려 공민왕 21)에 저술되었고 1377년(고려

금속활자로 인쇄된 직지

우왕 3) 6월에 청주 흥덕사(興德寺)에서 금속 활자로 인쇄되었다. 이때는 독일의 구텐베르그 금속활자 인쇄보다 약 70여 년이 앞선 때였다. 원래 이 책은 상, 하 두 권이 한 책으로 찬술된 것인데(현재 국립중앙 도서관과 한국학중앙연구원에 목판본이 전해져 오고 있는데 모두 상하 두 권이 한 책으로 되어 있음) 현재는 총 39장중 제 1장이 떨어져 나간 채, 하권(2장부터 39장까지)만 프랑스 파리에 있는 국립 도서관 동양 문헌실에 보관되어 있다. 직지는 2001년 9월 세계기록유산으로 등록되면서 세계적으로 현존하는 최고의 금속활자본으로 공인되었다.

청주가 가지고 있는 세계적인 문화유산인 직지를 문화거리의 중심주제로 삼음으로써 청주시는 직지가 가지고 있는 우수한 창조성과 문화적 독보성을 핵심 요소로 하여 청주의 다양한 문화콘텐츠 전체를 아우를 수 있는 핵심적 소재로 삼고 있다. 게다가 직지는 단순히 국내적 관점의 주제를 넘어서서 세계적으로 한국을 대표할 수 있는 핵심 가치가 될 자격을 갖추고 있어서, 청주의 직지 문화거리는 그 발전 여하에 따라 세계적 명소로서 충분히 발전할 수 있는 주제일 수 있다. 일견 일상 문화콘텐츠와는 거리가 있는 금속활자라는 주제를 중심으로 문화거리를 만들어 내는 청주시의 사례는 문화적 역사가 일천하여 콘텐츠 개발의 여지가 적거나 도시 자체가의 역사적 배경이 문화와는 거리가 먼 도시들에게 시사하는 바가 많다.

❷ 청주 직지문화거리의 추구 방향

① 주제적 측면

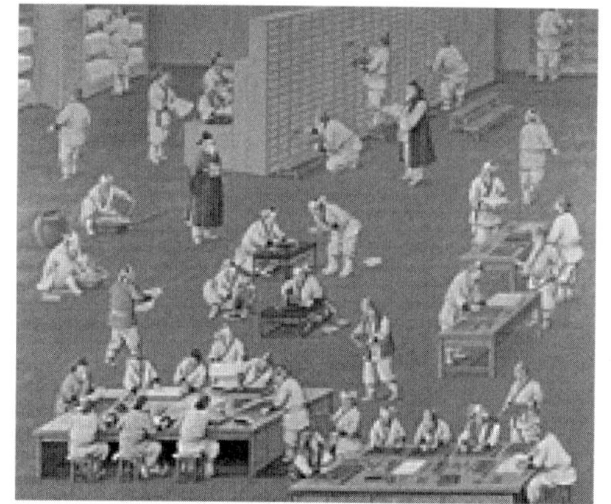

고려시대 금속활자로 제작 과정-고인쇄박물관

모든 문화거리는 그 거리가 추구하는 핵심적 주제가 있어야 한다. 대부분의 경우 여러 문화콘텐츠 장르 중 하나를 주제로 삼는다. 직지의 직접적 문화콘텐츠 소재는 출판과 인쇄가 되며, 확장적으로 생각한다면 전통 공예가 될 수 있다. 실제로 청주에는 고인쇄박물관을 통해 고려시대 이후의 인쇄술 전통을 도시 이미지로 확립하려고 하고 있으며 1999년부터 격년제로 청주국제공예비엔날레를 통해 공예산업의 발전을 추구하고 있다.

하지만 이 모든 노력에도 불구하고 직지를 문화콘텐츠 특정 장르와의 직접 연결시키는 것은 쉽지가 않다. 가장 큰 문제는 현재 청주의 산업적 환경이 이 소재를 대표 문화로 삼기에는 해당 분야의 비중이 크지 않다는 점이다. 이런 상황에서 생각해 볼 수 있는 것은 직지에 대한 의미적 접근이다. 세계 '최고'라는 것은 그 어느 상황에서도 결코 쉽지 않은 것이다. 더욱이 금속활자의 개발과 인쇄술의 개발은 놀라운 도전정신과 높은 수준의 과학적 지식이 있어야만 가능한 일이었을 것이다. 또한 뛰어난 창의

성과 그 창의성을 현실화시킬 수 있는 실천력이 모여졌을 때만이 가능한 일이다. 결국 직지가 우리에게 주는 가장 큰 메시지는 창의성에 있다. 그리고 그 창의성을 바탕으로 만들어내는 창조정신에 있는 것이다. 그것은 현대에 와서 문화콘텐츠 전 분야에 걸쳐 반드시 필요한 요소로 작용한다. 한류는 가장 한국스러운 창의적 발상과 한국적 창조 시스템에서 만들어진 것으로 이렇게 만들어진 한류콘텐츠는 아시아를 넘어 세계 속에서 높은 경쟁력을 보이고 있다. 즉 직지의 주제는 창의성이고 곧 창조라고 할 수 있다. 문화에 대한 높은 창의성의 확보, 그리고 이를 통해 새롭게 창조된 문화콘텐츠가 바로 직지의 핵심의미이며 직지문화거리의 주제가 될 수 있다. 창의성과 창조적 활동이 주제가 된 직지문화거리는 문화콘텐츠 장르에 대한 특별한 제한에서 벗어날 수 있으며 포괄적 개념의 문화콘텐츠 산업 전체로 그 관여의 폭을 확장할 수 있을 것이다.

② 산업적 측면

직지문화거리는 문화콘텐츠산업의 활성화라는 측면에서 접근해야 한다. 특히 문화 산업의 기획 분야인 창작 측면과 마케팅 부문의 활성화가 가장 중요하다. 중부권의 중심 도시인 청주는 오랜 전부터 교육도시로 알려질 만큼 수준 높은 노동력이 풍부한 지역이다. 또한 경부고속도로와 중부고속도로가 모두 지나가는 도시이며 1997년 개항한 청주국제공항은 중국을 중심으로 계속 확대되어가고 있다. 이런 환경적 여건을 기반으로 설립될 직지문화거리는 문화콘텐츠 산업의 기획과 마케팅 중심 발전을 취한다면 충분한 경쟁력을 확보할 수 있을 것이다. 특히 중점을 두어야 할 분야는 문화콘텐츠의 생산 부문이 될 수 있다. 청주의 특성 중 하나인 수준 높은 인력은 다양한 문화콘텐츠의 생산에 가장 중요한 바탕이 될 수 있을 것이다.

그런 의미에서 직지문화거리는 콘텐츠웨어 생산자들이 거리를 구성하는 핵심이 되어야 한다. 기획 창작을 기본으로 한 콘텐츠 창작자들로 인해 거리는 활기와 생명력을 얻을 수 있다. 직지문화거리는 창의성을 최고의 가치로 여기기 때문에 다양한 문화적 시도가 일어나기를 기대할 수 있다. 기존 형식의 변화는 물론 장르적 구분의 파괴, 놀라울 정도의 새로운 도전이 이곳을 중심으로 다양하게 펼쳐지기를 기대한다. 또한 기획과 마케팅의 활성화는 문화콘텐츠 발표 시장의 활성화, 즉 공연 시장의 활성화를 가져다 줄 수 있을 것이며 이를 기반으로 한 다양한 문화상품의 탄생을 생각해 볼 수 있을 것이다.

축제는 직지문화거리를 발전시키는 데 중요한 여건이 될 수 있을 것이고, 단순한 축제를 넘어 산업 박람회와 같은 전시회의 개최도 직지문화거리 전개에 중요한 요소가 될 수 있다. 직지의 이름을 건 콘테스트나 직지상은 직지문화거리를 위한 마케팅요소가 될 수 있다.

③ 역사 · 문화적 측면

직지문화거리가 대내외적으로 그 의미를 확보하기 위해서는 직지로 대표되는 한국의 창의성을 주제로 삼을 필요가 있다. 특히 문화적 관점에서 창조적 역사는 직지와 함께 가져 갈 수 있는 소중한 역사이다. 그러기 위해서는 청주의 직지가 단순히 청주만의 것이라는 한정된 관점에서 벗어나야 한다. 성공한 문화거리는 지역을 대표하는 것이 아니라 문화콘텐츠의 장르를 대표하거나 그 정신을 대표하는 것이다.

한국의 영화를 대표하는 부산의 영화거리나 애니메이션을 대표하는 부천과 같이 한국 전

체에 창의적 문화유산을 보전, 계승, 발전하여 현대적 의미로 재탄생해야 할 것이다. 그러면서 일견 막연했던 문화유산에 구체적 형상화를 시도하고 산업적 발전을 시도하는 것은 직지문화거리에 부여된 중요한 사명일 수 있다.

④ 사회적·교육적 측면

도시에서 문화거리가 가져야 할 가장 큰 기능은 지역민들과의 일상적 관계의 정립이다. 시민들이 거리감을 느끼거나 일부 계층에만 의미가 있는 장소보다는 모든 연령층의 일상생활 속에 스며드는 보편적 문화 장소가 되어야 한다. 도시민에게 문화거리는 자랑이 되어야 하며 생활 속에 함께하는 곳이어야 한다. 문화거리의 첫 번째 개념은 시민들이 서로 접촉하고 휴식하며 재충전을 하는 장소여야 한다는 것이다. 그러므로 직지문화거리에는 시민들의 참여와 즐거움이 있어야 한다.

시민 참여를 활성화하는 방법 중 하나는 문화거리가 교육적 기능을 확보하는 것이다. 평생교육이 강조되는 요즘 문화시설의 기능 중의 하나는 문화시민의 양성이다. 또한 문화를 통한 청소년에 대한 창의성 확보 교육은 문화가 가지고 있는 가장 중요한 책무 중 하나다. 문화거리는 거리 자체에서 보여주는 창의성뿐 아니라 그 기능 자체가 교육적 여건을 확보하여야 한다. 문화콘텐츠를 단순히 창작의 영역으로만 보지 말고 연구와 학술적 관점의 접근을 끊임없이 시도해야 할 것이다. 다양한 교육기관의 설립은 직지문화거리가 필수적으로 가져야 할 중요한 요소이다.

⑤ 환경적 측면

18세기 산업혁명 후 지난 200년간 세상은 환경 파괴의 역사를 걸어 왔다고 할 수 있다. 결국 근대화는 환경과 자연 파괴의 역사였다고도 할 수 있다. 우리나라도 70년대 이후 급속한 산업적 성장을 얻은 대신 환경 파괴라는 엄청난 비용을 지불하게 되었다. 미래학자 피터 드러커(Peter Drucker)는 21세기를 사로잡을 핵심 단어로 문화와 여성 그리고 환경을 들고 있다. 그만큼 환경은 우리에게 가장 중요한 의미를 가지고 있으며 문화와는 아주 밀접한 연관을 가지고 있는 주제가 된다.

직지문화거리 건설에서 가장 중요한 것은 자연환경과의 조화로의 발전이다. 자연은 파괴의 대상이 아닌 공존의 대상이며 특히 문화와는 동반자적 성격을 가지고 있다.

또한 거리는 열린 공간이어야 한다. 무명의 작가들의 거리 참여가 부자연스럽지 않게 적극적으로 일어날 수 있는 환경을 만들어야 한다. 광장은 문화거리가 가져야 할 중요한 공간 중 하나이며, 열린 극장 또한 필요한 공간이다. 거리에서 수직적으로 건설된 높은 건물은 위압감을 주며 접근성이 떨어진다면, 수평적으로 펼쳐진 낮은 건물들이 이어진 동선은 사람들의 참여와 관여를 높여 줄 수 있을 것이다.

❸ 직지문화거리 건설의 기본 방향

① 문화거리 조성의 필요성에 대한 인식

21세기 들어 도시의 변화는 크고 작은 규모의 차이가 있을 뿐 모든 도시가 안고 있는 공통의 문제이다. 문제는 그 규모와 심각도의 차이다. 1차 산업을 중심으로 형성된 도시의 경우에는 그 심각성을 더욱 절실하게 느끼고 있으며 도시의 변화의 필요성은 생존의 문제로까지 연결된다. 도시민들은 하나 둘 도시를 떠나고 도시민의 평균 연령은 계속 올라만 간다. 출산율은 급격히 떨어지고 유입 인구는 기대할 수 없다. 도시의 공동화는 1차 산업 중심도시가 해결해야 할 중요한 문제로 등장한지 이미 오래된 이야기다. 이런 공동화 현상은 일부 2차 산업 중심도시와 1차 산업 배후의 준 광역도시에도 나타나는 현상이 되고 있다. 낙후된 2차 산업을 가진 도시는 활기를 급속히 잃어버릴 수밖에 없다. 마찬가지로 1차 산업 도시들의 배후 역할을 하는 준 광역도시 또한 주변 도시들의 활력 감소로 도시의 활력이 급속히 떨어지게 된다.

최근 세계적으로 문화는 도시 재건에 가장 중요한 키워드로 떠오르고 있다. 크게는 도시 전체의 재건에 문화적 요소를 활용하고, 작게는 도시의 새로운 생산 수단으로 문화를 활용한다.

아시아 문화중심 수도의 주제로 문화적 변화를 시도하고 있는 광주는 도시 전체를 문화로 바꾸는 대 작업을 시도하고 있다. 2023년까지 2조 원의 예산을 들여 광주를 아시아 문화도시로 바꾸는 것은 광주시는 물론 우리나라 전체를 대표하는 핵심적 도시변화 작업이다. '아시아 문화'라는 광주의 주제는 일견 추상적으로 보일 수 있으나 많은 사람으로부터 공감을 얻고 있는 주제이다. 광주는 아시아 문화가 가지는 보편성을 가장 잘 대표하는 도시이다. 아시아국가들 대부분이 가지고 있는 아픔과 극복의 역사를 광주는 가지고 있다. 19세기 이후 제국주의침략에 아파하고 극복했던 반 제국주의의 역사, 타락한 봉건주의 하에서 신음하고 민중중심의 세상을 꿈꾸었던 반 봉건주의의 역사, 20세기 이후 대부분의 아시아 국가들이 가졌던 독재의 아픔과 민주를 향한 민중의 투쟁과 극복의 역사는 아시아 국가들이 공통으로 가졌던 역사 문화적 환경이고 그 속에서 아시아의 문화예술은 공통의 색깔을 가지고 있다. 이제 광주는 이런 과거의 아픔을 극복하고 미래의 성공적 아시아의 건설과 아시아인의 발전적 환경을 만들어 나가는 데 그 중심에 서고자 하는 주제로 도시 변화의 방향을 잡고 있다.

청주 직지문화거리도 비록 도시 전체의 변화를 이루어 낼 수는 없지만 도시 변화의 핵심적 단초를 만드는 계기가 될 것이다. 그리고 이런 의의에 대해 청주시민 대다수가 공통된 의식을 가져야 한다. 도시 정부의 역할은 정책 필요성의 인식과 정책의 개발, 그리고 시민들의 합의를 얻어내는 과정의 수행에 있다. 도시를 바꾸는 일은 정책적 활동만으로 이루어질 수가 없는 일이다. 시민 개개인과 시민 단체들의 적극적인 참여에 의해 도시는 변화할 수 있다.

다행히 현재 청주시는 계속 늘어나고 있는 신도시와 택지개발로 인하여 유입인구가 증가하고 있다. 준 광역도시의 대표 도시인 청주는 최근 국가 정책의 지역 균형발전 정책과 위치적 장점에 의해 발전의 계기를 맞고 있다. 하지만 이런 급속한 발전은 지역 및 지역주민 사이의 정체성 확보에 어려움을 겪게 만들었고 또 급속한 대도시화는 시민들의 문화예술향수에 대한 욕구 등 다양한 현안문제를 안고 있는 실정이다.

직지문화거리 조성은 안으로는 시민들의 정체성 확보와 문화적 욕구 충족의 기회를 제공하고 대외적으로는 청주시 스스로의 산업적 경쟁력을 확보하는 사업으로 시민들의 일치된 참여를 통해 만들어 나가야 할 사업이다.

② 물리적 기반과 소프트웨어의 결합

문화거리는 기본적으로 물리적인 시설이다. 거리라는 일정한 공간에 다양한 시설들이 입지해 있고 또한 보행인의 편의를 위한 각종 시설의 정비, 녹음의 창조 등 물리적인 요소가 매우 강하다. 그러나 문화거리는 물리적인 요소보다는 비물리적인 요소의 충족이 더욱 중요하다. 즉, 문화거리를 걷는 것은 문화거리 그 자체를 보기 위한 것이 아니라 사실상 문화거리에서 이루어지는 각종 행사나 이벤트, 축제, 놀이판 등을 보기 위한 것이다. 이러한 콘텐츠웨어를 통하여 문화 예술적 감상을 하고 새로운 느낌을 얻을 수 있기 때문이다. 따라서 청주 직지문화거리를 조성함에 있어서는 물리적인 가로의 조성과 더불어 문화거리라는 공간에 어떠한 콘텐츠웨어를 담을 것인가에 대한 구체적인 계획이 수립되어야 한다.

거리의 조성을 위해 건설해야 할 것은 많지 않다. 문화의 중심은 늘 사람이기 때문에 사람들이 더욱 중요하다. 문화거리 조성은 물리적인 시설계획으로만 이루어질 수 있는 것이 아니다. 문화거리에 대한 조성계획이 제대로 추진되기 위해서는 도시계획 등의 설계 전문가만이 아니라 문화예술에 실제 종사하고 있는 사람들 화가, 음악가, 시인, 소설가, 만화가 심지어는 철학자 등 다양한 사람들이 참여할 때에 제대로 된 문화거리조성이 가능할 것이다. 이런 의미에서 문화거리에서 가장 필수적으로 요구되는 것은 이러한 사람들을 담을 수 있는 열린 공간이다. 비움이 곧 채움이 되는 역설이 성공적인 문화거리의 정착을 위해 필요한 명제임을 기억해야 할 것이다.

③ 지속적인 지원시스템의 확립

문화거리 건설의 핵심은 시간이다. 거리는 하루아침에 만들어지지 않는다. 최소한 10년 이상, 20년의 시간을 두고 문화거리는 만들어져야 한다. 장기 계획을 수립하고 정책적 일관성을 확보하기 위한 장치는 문화거리 건설에 핵심적인 요소이다. 어떻게 보면 문화거리 건설은 당대의 이익보다는 미래의 이익을 위한 작업일 수 있다. 특이할 만한 사항은, 문화거리는 고속도로나 건물의 건설과 같이 완공 이후에나 사용하는 것은 아니라는 점이다. 문화거리는 시작과 동시에 바로 사용이 가능한 시설이다. 물론 기초적인 공사는 필요하겠지만 그 시간 또한 전체 사업 기간으로 봐서는 얼마 되지 않는 시간이다.

장기적 계획을 수립하고 이를 지속적으로 추진하기 위해서는 법률적 뒷받침이 된 '직지문화거리 사업 추진단'(가칭)의 설립은 반드시 필요한 요소이다. 장시간에 걸친 사업 추진은 사람보다는 제도를 통해 실시되어야 한다. 또한 재원 마련을 통한 지속적 투자책이 마련되어야 한다. 대부분의 지역 도시는 재정 자립도 매우 취약하여 대규모의 사업을 전개하기가 불가능하다. 재원 마련을 위한 다양한 발상과 시도는 매우 중요하다. 근본적으로 지방 정부가 모든 것을 다 하려고 해서는 안 된다. 정부는 방향을 설정하고 기획을 하고 단지 추진의 중심에 설 뿐이다. 대부분의 건설은 민간에 의해 이루어져야 한다. 특히 산업형 문화콘텐츠 집적 거리를 건설을 목표로 하는 직지문화거리는 해당되는 민간단체, 기업의 적극적인 참여를 이끌어 내야한다. 일방적 보조보다는 마케팅적 지원과 활동에 대한 지원에 보다 초점을 맞춰야한다.

❹ 문화거리의 건립 의의

1990년대 이후 우리나라에는 전체적으로 많은 문화거리들이 인위적으로 조성되고 있지만 진정한 의미에서의 문화거리는 매우 부족한 것이 사실이다. 정책적 결정에 의해 인위적으로 만들어진 문화거리는 행정적 편의에 의해 만들어지고 불리는 작위적 문화거리라고 할 수 있다. 일부 성공한 문화거리는 오랜 시간 동안 그 스스로의 힘으로 자생적 발전을 해온 곳들이

다. 그럼에도 불구하고 청주 직지문화거리를 제안하고 고려해 보는 이유는 문화 거리의 건설이 이제는 제대로 된 정책에 의해 추진해야 할 필요가 있기 때문이다.

첫 번째로 자연 발생적으로 만들어진 문화거리를 발전시키는 데는 한계가 있기 때문이다. 우선은 그 종류와 숫자가 한계가 있고 그나마 서울 대학로처럼 잘못된 관여를 통해 오히려 이상한 방향으로 변질될 수가 있다.

두 번째는 최근 지방정부의 문화를 이용한 정책 편성이 폐쇄적 구조의 공간의 건설을 주로 전개하고 있기 때문이다. 현재 많은 지자체에서 다양한 문화콘텐츠를 도시 발전의 요소로 파악하고 이들에 대한 산업적 집약을 시도하고 있다. 또 이들을 통한 도시 이미지의 개선을 중요한 정책적 목표로 삼고 있다. 하지만 대부분 지자체의 문제는 갇혀진 공간을 통해 사업을 전개하고 있다는 데 있다. 거리와 달리 갇힌 공간의 경우 모든 것은 지자체의 힘으로 만들어야 한다. 또 시민들이나 일반 창작자의 참여를 원천적으로 배제하고 있다. 정책에 의해 생산된 폐쇄 공간은 시간이 지날수록 생산력이 반감되는 현상을 나타낼 수밖에 없다.

반면 거리는 열려 있는 공간이다. 거리는 문이 없기 때문에 누구나 들어갈 수 있고 또 누구나 참여할 수 있다. 경계가 없다는 것은 처음에는 구분이 모호할 수 있다. 하지만 거리는 생산자와 소비자를 특별히 구별하지 않는다. 또한 참여자와 비참여자를 구별하지도 않는다. 이곳에서는 누구나 생산자이며 또한 참여자가 될 수 있다. 거리는 거리를 방문해 주는 방문객에 의해 그 의미를 갖는다. 폐쇄 공간은 그 소유한 사람이 주인이지만 거리는 방문객이 주인인 것이다. 거리는 민주주의가 이루어지는 곳이다. 소유한 사람이 없기 때문에 이곳의 주인은 그곳에 있는 모든 사람이다. 거리의 사상은 늘 열려 있다. 늘 평가를 받고 그 평가는 즉각적이다. 그리고 거리는 축제의 장소다. 의도된 축제가 일어나는 곳도 거리이고 몇몇이 혹은 모두가 함께하면 그 또한 축제가 된다. 이것이 문화거리를 만들어야 되는 참된 이유다.

마지막으로 문화콘텐츠의 산업적 완성을 위해서이다. 산업은 집약을 필요로 한다. 클러스터(cluster)와 같은 동류 산업의 집약은 문화콘텐츠 산업의 성공을 위해 반드시 필요한 요소이다. 최근 많은 지자체에서 문화콘텐츠의 분야별 장르를 도시 발전의 축으로 삼고 있으나 진정한 집약을 이룬 곳을 발견하기는 쉽지 않다. 이런 상황에서 포괄적 개념에서의 문화콘텐츠 산업의 집약은 문화산업의 성장을 위해 반드시 필요한 일이다.

문화거리는 도시의 문화콘텐츠산업 발전에 핵심적 기반시설이라고 할 수 있다. 문화콘텐츠의 생명력은 높은 대중성에 있으며 그 대중성을 가장 잘 보여 주는 곳이 바로 거리이기 때문이다.

(3) 지역 발전의 핵심적 문화콘텐츠 기반시설: 지역축제

우리 사회에서 축제는 특별한 행사가 아니라 일상적 행사로 자리잡았다. 정확한 통계는 없지만 전국적으로 1년에 1천여 개의 축제가 열리고 있다고 하는 것은 모두 인정하는 정설이다. 일반적으로 축제가 3~5일 열린다고 했을 때 평균적으로 매일 10여 개의 축제가 어딘가에서 열리고 있다.

일견 과잉이라고까지 할 정도로 축제가 범람하는 이유는 그만큼 축제의 효용성이 높다는 점이 많은 부분에서 인정되고 있기 때문일 것이다. 많은 연구자들이 축제를 연구대상으로 놓고 축제의 효용성에 대해 연구를 해오고 있다. 그중 대부분의 연구의 목적은 축제의 효과를

높이는 방법과 축제를 통해 얻을 수 있는 지역의 효과 부분에 집중되어 있다. 이것은 각각의 연구 결과보다는 근본적으로 축제는 개최자에게 수준 높은 효과를 가져다준다는 전제에서 출발한 연구들이라는 공통점을 가지고 있다. 정부에서도 축제를 지역 경제 활성화에 중요한 도구로 인정하고 매년 많은 지원금과 함께 다양한 지원을 아끼지 않고 있다. 한국관광공사에서는 1995년부터 문화관광축제를 선정·지원을 하고 있다. 선정 축제의 숫자는 매년 늘어 2개(1995)에서 시작된 선정 축제가 30개(2001)를 넘어 52개(2006)를 기록하고 있다.

한국관광공사 지정 관광문화축제

연도	95	96	97	98	99	00	01	02	03	04	05	06
지정수	2	8	11	18	21	25	30	29	30	37	45	52

* 자료 : 한국관광공사, 예비축제 포함

외국과는 달리 대부분의 국내 축제의 운영 주체는 지자체이다. 그것은 축제가 갖는 공공적 효과에 대한 기대와 공익성에 달려 있다. 지자체의 축제 개최 목적은 크게 주민화합, 문화진흥, 관광진흥, 산업진흥 이라는 목적을 추구하고 있는데 지자체 실시 이전의 목적 비중이 주민화합 > 문화진흥 > 관광진흥이었다면 지자체 이후에는 그 목적이 관광진흥 > 문화진흥 > 산업진흥의 순으로 바뀌었다고 할 수 있다. 그만큼 축제의 목적이 지자체의 경제적 환경 개선에 집중되어 있다고 할 수 있다. 이는 다시 말해 축제의 산업적 활용도가 높아졌다는 말과 일맥상통한다. 이제 축제는 문화산업을 구성하는 핵심적 콘텐츠로 완전히 자리 잡았다.

❶ 도시문화콘텐츠 기반시설로서의 축제의 기능

축제가 이렇게 지자체들에게 폭발적 인기가 있는 아이템으로 성장한 이유는 도시 마케팅의 성장과 밀접한 연관을 가지고 있다. 이것은 문화콘텐츠의 역할이 도시 변환, 또는 도시 재건설에 중추적 역할을 하는 것과 같다. 축제는 바로 문화콘텐츠적 요소로 도시 마케팅에서 실제 제품(tangible product) 차원으로 인식되고 있다. 코틀러(Kotler)는 마케팅 상품을 핵심제품(core product), 실제 제품, 확장제품(augmented product) 등 세 가지 수준의 제품으로 분류하였다(Kotler 1988). 이를 적용할 때 축제는 실물적 차원에서 느낄 수 있는 재화와 용역형태의 제품으로 해석할 수 있다. 이런 축제에 대한 도시 마케팅적 관점은 축제를 단순한 마케팅의 보조적 수단인 이벤트로 보는 시각에서 벗어나 도시 마케팅의 핵심적 상품으로 관점을 확산시키는 계기가 되고 있다.

또 하나 축제의 마케팅적 효과는 도시의 이미지 형성에 직접적인 영향력을 행사한다는 것이다. 마케팅에서 이미지는 포지셔닝(positioning) 형성에서 핵심적 역할을 하고 있다. 축제는 도시가 원하는 포지셔닝의 위치를 확보하는 데 가장 효과적인 역할을 하는 요소이다.

축제는 그 자체의 효과뿐 아니라 축제를 중심으로 한 파생상품을 개발해내는 효과를 가져온다. 축제에서 형성된 이미지는 도시 이미지에 직접 작용하여 궁극적으로 도시 생산품 전반에 걸친 통합적 이미지를 만들어 낸다. 이는 축제 당시 지역을 방문한 관광객의 수를 늘리거나 축제 이후 관광객 유치에도 파급 효과를 끼치는 것 이상을 의미한다. 축제에 대한 인지도는 평상시 해당 도시가 만든 일반 상품에까지 긍정적 영향력을 미치고 있다.

축제는 높은 경제적 성과에 대한 기대와 함께 지역사회에서 도시주민들의 단결을 만들어 내는 대표적 활동으로 평가된다. 농경사회시대에는 밀착될 수밖에 없었던 지역 내의 관계는, 산업사회로 넘어 오면서 개별 생산이라는 경제 구조와 정치적 민주주의의 확산으로 인해 개인주의라는 반사적 현상을 만들어 냈다. 최근 한 지역의 공통된 감정을 만들어 내는 가장 대표적인 것은 스포츠뿐이라고 할 수 있다. 지역연고제 구단은 지역민의 공통된 관심과 집중점을 만들어 내야 하는 지자체의 정치적 의도와 열성 팬 확보가 필요한 스포츠 구단의 이익이 서로 만난 사례라고 할 수 있다.

이러한 상황에서 축제는 지역에서 시민들이 공통된 관심과 활동을 기대할 수 있는 가장 큰 공간이다. 시민들은 축제를 기획하고 준비하고 실행해나가면서 공통의 관심을 갖게 된다. 이런 축제에 대한 관심이 의미를 갖는 것은 축제가 가지고 있는 문화성에 기인한다. 문화가 스포츠와 다른 것은 문화에 담겨있는 화합성, 타인에 대한 배려 그리고 인간에 대한 애정이 있기 때문이다. 축제는 스포츠와 같이 경쟁을 전제로 하고 있지 않기 때문에 배타성을 가지고 있지 않다. 오히려 축제 기간에 시민들은 타 지역의 사람들이 많이 방문해 주기를 열망한다. 이는 스포츠 홈구장에서 열리는 경기에 원정팀 지역 사람들이 응원을 오는 경우와 또 다르다. 물론 축제의 가장 큰 목적인 관광객 유치라는 목적 달성을 위한 활동이지만 근본적으로 축제가 가지고 있는 문화성에 기인한 일이다.

현대에 와서 축제는 더욱 복합적 양상을 나타내고 있다. 연구적 편의를 위해 연구자들은 축제를 개최 목적에 따라 산업형 축제, 화합형 축제 등으로 나누고 행사 내용이나 구성에 따라 전통문화형, 산업경제형, 자연환경 등으로 구분하고 있지만 근본적으로 축제는 복합형 형태를 띠고 있다.[82] 이는 문화가 가지고 있는 포용성과 연관이 있다. 최근 그 인기가 높아지고 있는 뮤지컬 공연문화콘텐츠의 경우를 보더라도 그곳에는 연기, 노래, 무용, 디자인 등 다양한 문화콘텐츠가 복합적으로 내재되어 있음을 알 수 있다. 이와 같이 하나의 축제는 산업경제적 기여와 전통문화의 보존과 계승, 환경에 대한 관심 그리고 주민화합 등의 복합적 표현을 전제로 지역의 전반적 문화 수준을 대내외적으로 표현할 수 있는 발표장 역할을 한다. 이렇게 축제의 복합 문화적 성격은, 축제를 기화로 지역 문화의 전반적 발전을 기대할 수 있는 중요한 계기가 되기도 한다. 지역 내 문화 관련 단체들은 축제라는 시간적 공간적 무대를 대상으로 일정 기간 연습할 의미를 갖고 또 지자체는 지역 문화인을 단순한 지원이 아닌 축제의 참가자적 입장에서 지원을 할 수 있다. 또한 축제를 통해 발표된 문화예술 완성물은 그 완성도에 따라 전국적 지명도를 획득할 수도 있다.

❷ 축제를 통한 도시 발전 사례

도시발전의 기반시설로 축제가 적극적으로 활용된 지 이제 10여 년 흘렀다. 그동안 거의 대부분의 지자체에서 수백 건의 축제를 양산해 내면서 축제들은 크고 작은 성과를 지자체들에게 돌려주고 있다. 시간의 흐름은 이들 축제들을 성공한 축제와 성공하지 못한 축제 그리고 실패한 축제로 분류할 수 있게 해 준다.

가장 성공한 지역 축제 중 하나는 함평의 나비 축제다. 1999년부터 시작된 함평 나비 축제는 오지나 다름없던 함평을 일약 히트 지역으로 만들어 놓은 거대한 사건이다. 인구 3만 4천여 명에 불과한 작은 군이, 축제 이전 1년 내내 관광객 20만 명이 안 되던 곳에 연간 총 관광

---

[82] 국내 연구에서 축제에 대한 분류는 대부분의 연구자가 대동소이한 분류법을 사용하고 있으며 최근에는 그 분류를 더욱 세분화하고 있는 추이이다. 예를 들어 박진규·정철상(2006 : 55~56)은 축제를 유형에 따른 분류와 내용에 다른 분류를 시도하였고 내용에 따른 축제를 개최목적에 따른 분류(주민화합, 관광, 산업, 특수목적)와 행사내용 및 구성에 따른 분류(전통문화, 예술, 종합, 기타), 주제형태에 따른 분류(농업특산물, 전통공예 특산물, 기후, 지형적 특성, 꽃, 음식, 음료 등), 축제의 지향성에 따른 분류(내향형, 외향형) 등으로 구분하고 있다.

객 수는 391만 명(2005)의 관광객이 찾아오게 만들었다. 그것도 나비 축제 기간인 5월의 관광객이 186만 명이고 나머지 11개월에 200만 명이 넘는 사람들이 함평을 방문하고 있어 축제는 함평을 연간 관광지로 만들어 놓았음을 알 수 있다.

나비로 인해 함평의 수입은 매년 높은 신장세를 보이고 있다. 이는 223종이 개발되어 판매되는 함평군 브랜드 '나르다'의 판매 수입은 물론 축제로 인한 친환경이미지 획득을 통해 군내 생산물 전체에 대한 이미지가 상승되면서 생성

그림과 같은 함평나비축제장

된 매출 효과를 포함한 금액이다. 청정지역에서만 사는 나비는 청정지역 함평이라는 브랜드 이미지를 낳았고, 이를 바탕으로 한 친환경 포지셔닝은 함평에서 생산하는 모든 농축산물에 청정 이미지를 더해 고가의 인기상품으로 만들었다. 함평의 나비쌀은 고가의 가격에도 불구하고 친환경 이미지와 품질로 전국에 평생고객만 1만 3000여 명을 확보하고 있다. 이외에도 함평복분자영농조합, 감나루, 나비랑영농조합, 함평호박사랑작목반 등은 매년 높은 매출 신장을 나타내고 있으며 '함평천지 한우'를 통해 1,717개 농가는 535억 원의 매출을 2005년 한 해

에 기록하였다. 함평에서 '나비부자'는 이에 어렵지 않게 찾아 볼 수 있는 평범한 현상이다(삼성경제연구원, 2005).

축제는 목포 위에 위치한 작은 군 함평을 부자 지역, 가고 싶은 지역으로 바꾸는 결정적 계기를 만들어 주었다. 급속한 발전에 따라 어쩔 수 없이 찾아오는 지역 개발의 문제도 함평은 축제를 통해 해결하려고 하고 있다. 이렇듯 함평에서의 축제는 도시 발전의 원동력이 되고 있는 가장 소중한 도시문화기반시설인 셈이다. 축제는 문화콘텐츠로서 그 스스로가 경쟁력을 확보하였고 나아가 도시 전체 산업의 개념을 바꾸게 되었다.[83]

1997년 처음 시작한 보령 머드 축제는 대천해수욕장이 위치한 보령시에서 열리는 축제다. 보령 머드 축제는 해수욕장에서 열리는 전형적인 여름 축제로 지역의 산업과 연결하여 경쟁력을 잃어가던 서해안 해수욕장의 경쟁력을 살리는 한편 지역 발전에 높이 기여한 축제로 평가되고 있다.

머드 축제는 96년 발매한 머드 화장품의 홍보차원에서 시작되었고, 여기에 지역해수욕장의 관광객 유치라는 또 하나의 목적을 수행하도록 계획되었다. 이런 목적으로 인해 다른 어떤 축제보다도 차별화되고 다양한 프로그램을 가질 수 있었으며 특히 놀이와 관련된 체험 프로그램이 많다는 특징을 가지고 있다. 이것은 보령시가 연간 관광객 1,860만 명(2005) 이상이 방문하는 특급 관광지로서의 위상을 만들어 나가는데 큰 기여를 하고 있다. 머드 화장품은 연간 매출 20억 원을 돌파(2006년)하여 꾸준한 신장세를 보이고 있으며 세계로까지 판매처를 넓히고 있다. 특히 머드 축제는 다른 어떤 축제보다도 많은 수의 해외 관광객 유치하고 있는데 이는 우리나라 축제에서는 보기 드문 엔터테인먼트형 축제에 대한 가능성을 보여 주고 있

---

83 함평군은 나비축제의 성공을 바탕으로 2008년 4월부터 세계나비·곤충엑스포를 개최한다. 미래를 여는 작은 세상이란 주제로 총 353억 원의 예산이 소요되는 엑스포는 함평을 세계적인 지역으로 알리고 또 한 번 발전의 계기를 만드는 문화콘텐츠로서의 역할이 기대되는 축제이다.

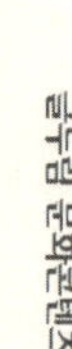

다고 할 수 있다.

　같은 1997년 시작된 무주의 반딧불이 축제도 여름 축제로 높은 성과를 거두고 있다. 반딧
불이 환경지표곤충이라는 점을 이용하여 다른 지역과 차별화된 이미지를 구축하고 기존의 관
광 자원인 무주 리조트와 연계 전략을 사용하고 있다. 이를 통해 무주는 지역 관광의 계절적
한계를 넘는 계기를 만들었다.

연도별 무주군 관광현황

연도	관광객 수(명)	관광수입(천원)
1994	869,738	55,770
1995	444,882	327,318
1996	411,568	375,457
1997	426,541	389,458
1998	1,751,323	873,407
1999	2,135,666	930,475
2000	2,426,114	1,137,345
2001	2,773,785	871,700
2002	3,497,926	1,169,020
2003	3,454,055	1,004,407

＊자료원 : 무주군청　http://www.muju.org/Muju/statistics/statistics_index.htm

   과거의 개념에서 문화기반시설은 도시민들의 문화적 향수를 높이는 역할만이 기대되었고 도시민들의 복지적 차원에서 검토되고 사용되었던 분야이지만 문화의 산업적 기능이 확대되고 있는 최근에 문화콘텐츠기반시설은 보다 확장적 개념을 가지게 되었다. 그것은 결국 도시 경쟁력 강화라는 관점에서의 도시 변화의 기폭제 역할을 하는 것을 의미하며 이때 사용될 수 있는 요소들은 도시 변화 핵심 콘텐츠로의 역할을 수행하게 된다.

참고문헌

1. 문화콘텐츠와 문화인프라스트럭처

구문모, 「해외문화산업 클러스터의 발달배경」, 산업연구원, 2001.
김경호·오상훈, 「제주시 관광문화거리 조성과 활용방안」, 제주관광학회. 2002.
김순규 외, 「문화예술거리의 조성과 육성방향」, 『문화예술』, 한국문화예술진흥원, 1997.
김영순, 『인문학과 문화콘텐츠』, 디할미디어, 2006.
김혜란, 「서울 인사동지역 우세점포용도의 변화 해석」, 서울시립대학교대학원, 박사학위논문, 1999.
문화관광부, 『문화예술의 거리 계획과 실체』, 문화관광편집부, 1996.
박소영, 「직지의 거리가 몇 개?」, 『충청리뷰』, 2005.
박진규·정철상, 『지역문화와 축제』, 글누림, 2006
서은숙, 「인사동 문화가로 활성화 방안에 관한 연구」, 건국대학교대학원 석사학위논문, 1998.
신정훈, 「문화예술의 거리 조성방안에 관한 연구」, 광주대학교대학원 석사학위논문, 2001.
유영대 외, 「지역축제의 현황분석」, 문화체육부, 1996.
윤태범, 「경기도 문화의 거리 조성의 바람직한 방향」, 『경기21세기』 11, 12월호, 경기개발연구원, 1997.
이명숙, 「지방자치단체 도시마케팅 성과 영향요인에 관한 연구」, 영남대학교 대학원 박사학위논문, 2005.
이무용, 『서울형 축제 발전 및 체계적 지원 방안 연구』, 서울시정개발연구원, 2005.
이원태, 「전국문화기반시설관리운영평가 개선방안연구」, 한국문화곤광정책연구원, 2004.3.
제주관광연구, 「역사문화거리의 계획방법 및 조성방안에 관한 연구」 제주시, 1998.
청주시, 「2000년 청주 도시계획 재정비」, 청주시, 2001.
황기원, 『책 같은 도시, 도시 같은 책』, 열화당, 1995.

황재훈·류경무, 「직지문화거리 조성을 위한 설계전략」, 충북대학교 건설기술연구소 논문집, 2002.
황재훈·황희연, 「직지문화의 거리 어떻게 조성해야 하는가?」, 제2회 직지문화포럼, 2002.
Griffiths, R., 'Cultural strategies and new models of urban intervention', *Cities* Vol.12(No.4.),1995
무주군청 www.muju.org
삼성경제연구원 www.seri.org
보령시청 www.boryeong.chungnam.kr
함평군청 www.hampyeong.jeonnam.kr

2. 공연장과 지역 사회

곽수일, 「문화예술분야에 마케팅기법의 도입과 적용」, 한국문화정책개발원, 1998.
김광래, 「국내 대형 문화예술공간 운영의 개선방안 연구」, 중앙대학교대학원 석사학위논문, 1998.
김문환, 『문화경제론』, 서울대학교출판부, 1997.
김상희, 「문예회관의 바람직한 역할과 효과적인 운영방안에 관한 연구」, 경희대학교 경영대학원 석사학위
        논문, 2001.
김소영, 「문화예술기관을 위한 마케팅 전략기획」, 한국문화정책개발원, 2002.
김주호 옮김(David Baskerville), 『뮤직 비즈니스 핸드북』, 시유시, 1998.
김주호·용호성, 『예술경영』, 김영사, 2002.
김현후, 「공연활성화를 위한 공연장 운영 개선방안 연구」, 계명대학교 대학원 석사학위논문, 2002.
김홍남, 「지역문화재단의 문화예술 지원정책에 관한 연구」, 중앙대학교 예술대학원 석사학위논문, 2003.
대전광역시사편찬위원회 편, 「대전100년사』(대전광역시, 2002).
대전문화예술의전당, 「2003년도 제1차 임시운영위원회 회의자료」(2003. 9. 1).
대전문화예술의전당, 「2003년도 제2차 임시운영위원회 회의자료」(2003. 10. 31).
대전문화예술의전당, 「2003년도 제3차 임시운영위원회 회의자료」(2003. 11. 17).
대전문화예술의전당, 「2004 스프링 페스티벌 기획공연 공모사업 심의자료」(2004. 1. 15).
대전문화예술의전당, 「2004년도 제1차 운영자문위원회 회의자료」(2004. 2. 5).

대전문화예술의전당, 「2004년도 제2차 운영자문위원회 회의자료」(2004. 6. 10).
대전문화예술의전당, 「2004년도 제3차 운영자문위원회 회의자료」(2004. 9. 9).
대전문화예술의전당, 「2004년도 제4차 운영자문위원회 회의자료」(2004. 12. 20).
대전문화예술의전당, 「2005 스프링 페스티벌 우수작품 공모사업 심의자료」(2004. 12. 4).
대전문화예술의전당, 「2005년도 제1차 운영자문위원회 회의자료」(2005. 1. 10).
대전문화예술의전당, 「2005년도 제2차 운영자문위원회 회의자료」(2005. 6. 9).
대전문화예술의전당, 「2005년도 제3차 운영자문위원회 회의자료」(2005. 8. 12).
대전문화예술의전당, 「2005년도 제4차 운영자문위원회 회의자료」(2005. 12. 22).
대전문화예술의전당, 「2006 스프링 페스티벌 우수작품 공모사업 심의자료」(2005. 12. 6).
대전문화예술의전당, 「2006년도 제1차 운영자문위원회 회의자료」(2006. 2. 17).
대전문화예술의전당, 「2006년도 제2차 운영자문위원회 회의자료」(2006. 6. 8).
대전문화예술의전당, 「2006년도 제3차 운영자문위원회 회의자료」(2006. 9. 21).
대전문화예술의전당, 「2006년도 제4차 운영자문위원회 회의자료」(2006. 12. 14).
대전문화예술의전당, 「대전문화예술의전당 공연장 대관규약」(2004).
대전문화예술의전당, 「대전문화예술의전당 관리운영조례 시행규칙」(2004).
대전문화예술의전당, 「대전문화예술의전당 무대시스템 시연회자료」(2003. 9. 8).
대전발전연구원, 「대전문화예술 중장기발전계획 자문회의자료」(2004. 10).
대전발전연구원, 「대전문화예술 중장기발전계획」(대전광역시, 2004).
문옥배, 「대전현대음악사」, 『대전문화』, 대전광역시 시사편찬위원회, 2000, 제9호.
문옥배, 『대전음악의 현상과 인식』, 한국학술정보, 2006.
문화예술과, 「대전공연예술발전추진 공청회자료」(대전광역시, 2002).
문화예술과, 「대전문화예술 중장기발전계획 용역관련 회의자료」(2004. 3. 6).
문화예술과, 「대전문화예술의전당 운영발전을 위한 회의자료」(대전광역시, 2003. 3. 38).
박영기·정지영, 「종합 문화공간으로서 지역 문화예술센터가 가지는 의의에 관한 연구」, 『대한건축학회 논
        문집』, 대한건축학회, 1993, Vol. 13 No. 1.
박헌오, 「지역문화예술의 정책과 방향」, 『인문과학논문집』, 대전대학교 인문과학연구소, 2001, 제31호.

소경섭, 「지방 중소도시 공연문화공간의 현황과 개선방안에 관한 연구」, 연세대학교대학원 석사학위논문, 1999.
송희영, 『공연예술경영 무엇을 어떻게 할까』, 민속원, 2006.
유민영, 『문화공간 개혁과 예술발전』, 연극과 인간, 2004.
유민영, 『예술과 경영』, 태학사, 2002.
이보아 외 옮김(Bonita M. Kolb), 『문화예술기관의 마케팅』, 김영사, 2004.
이승엽, 『극장경영과 공연제작』, 역사넷, 2001.
이원만, 「지역시민을 위한 효과적인 공연장 운영에 관한 연구」, 중앙대학교 대학원 석사학위논문, 1997.
이은옥, 『예술경영, 어떻게 할 것인가』, 민음사, 1997.
이인권, 『21세기 아트센터의 예술경영 리더십』, 어드북스, 2006.
전병태, 『예술지원의 원칙과 기준에 관한 연구』, 한국문화관광정책연구원, 2005.
정광열, 『분권시대 지역문화진흥체계 개선방안 연구』, 한국문화관광정책연구원, 2005.
정훈상 옮김(Alrin H. Reiss), 『성공적인 예술경영』, 세종출판사, 1997.
채원호 · 김옥일, 「지방자치단체 문화예술회관의 실태분석 및 적정운영모형 모색」, 『영남지역발전연구』, 영남대학교 지역발전연구소, 2002, 제30호.
채원호 · 손호중 · 김옥일, 「문화예술회관의 운영합리화 방안에 관한 연구」, 『한국행정논집』, 한국행정학회, 2004, 제16권 제2호.
충남대학교 지역개발연구소, 『대전문화예술발전 중장기계획』(대전광역시, 1998).
하계훈, 『문화예술경영 이론과 실제』, 생각의나무, 2002.
한국공연예술매니지먼트협회, 『국 · 공립 공연장 운영의 새로운 접근』, 한국공연예술매니지먼트협회, 1999.
한국문화경제학회, 『문화경제학 만나기』, 김영사, 2001.
한국문화정책개발원 편, 「경제발전의 논리와 문화발전의 논리」, 『문화정책논총』, 한국문화정책개발원, 1995.
홍승찬, 『예술경영입문』, 민음사 1995.
Art Queensland, *Strategic Plan 2004~2008* (Art Queensland, 2004)
Australia Council for the Art, *Queensland Snap Shots*(Australia Council, 2003)

Brisbane City Council, *Corporate Plan 2004~2008*(Brisbane City Council, 2004)

Brisbane City Council, http://www.brisbane.qld.gov.au/

Brisbane Power House, http://www.brisbanepowerhouse.org/

Department of Education and the Arts of Queensland Government, *Annual Report 2003~2004*(Queensland Government, 2004)

Judith Wright Centre, http://www.judithwrightcentre.com/

QPAC, http://qpac.com.au/home/

QPAC, *Annual Report 2002~2003*(QPAC, 2003)

QPAC, *Annual Report 2003~2004*(QPAC, 2004)

QPAC, *New Brochure for about venue 2005*(QPAC, 2005)

Queensland Art Council, *Art Queensland Directory*(Queensland Art Council, 2005)

Queensland Government & QPAC, *QPAC Teacher Guide 2005*(QPAC, 2005)

Queensland Government, *Art and Cultural Activity*(Queensland Government, 2002)

Queensland Government, *Queensland Writing Strategy 2004~2006*(Queensland Government, 2004)

Queensland Government, *The Queensland Government Cultural Policy 2002*(Queensland Government. 2002)

Toffler, Alvin, *The Culture Consumers*(Penguin Book, 1956)

대구오페라하우스 http://www.daeguoperahouse.org

대전문화예술의전당 http://www.djac.or.kr

덕양어울림누리 http://www.artgy.or.kr

문화관광부 http://www.mct.go.kr

부산문화회관 http://www.bsculture.busan.kr

서울예술의전당 http://www.sac.or.kr

세종문화회관 http://www.sejongpac.or.kr

울산문화회관 http://www.ucac.or.kr

충주문화회관 http://www.cjnet.co.kr

3. 공연문화콘텐츠 생산 단체

강영중, 「바람직한 합창단을 위한 고찰」, 『논문집』, 마산대학교, 1983, Vol. 5 No. 2.

곽수일, 「예술과 경영」, 『예술문화연구』, 서울대학교 예술문화연구소, 1998, Vol. 8 No. 1.

곽수일, 「문화예술분야에 마케팅기법의 도입과 적용」, 한국문화정책개발원, 1998.

김대현, 「한국 시립합창단 현황과 운영 실태에 관한 연구」, 계명대학교 교육대학원 석사학위논문, 1991.

김문환, 『문화경제론』, 서울대학교출판부, 1997.

김미진, 「국내 수도권지역 전문 합창단의 정기연주회 프로그램에 관한 연구」, 숙명여자대학교 교육대학원 석사학위논문, 2000.

김소영, 「문화예술기관을 위한 마케팅전략기획」, 한국문화정책개발원, 2002.

김윤영, 「군산시 합창단의 현황과 개선방안」, 전북대학교 교육대학원 석사학위논문, 2004.

김윤주, 「수도권 시립 합창단의 활동에 대한 연구」, 성신여자대학교대학원 석사학위논문, 1994.

김주호 역(David Baskerville 저), 『뮤직 비즈니스 핸드북』, 시유시, 1998.

김주호·용호성, 『예술경영』, 김영사, 2002.

김지수, 「공연예술의 관객개발을 위한 마케팅 연구」, 단국대학교대학원 석사학위논문, 1995.

김진용, 「울산시립합창단의 연주곡목에 대한 비평적 분석」, 경성대학교대학원 석사학위논문, 2004.

나윤주, 「서비스 마케팅믹스를 이용한 국내 공연 예술경영 현황에 관한 연구」, 상명대학교대학원 석사학위논문, 2000.

류복수, 「공연예술 마케팅의 성공요인에 관한 연구」, 충남대학교 경영대학원 석사학위논문, 2001.

문옥배, 『대전음악의 현상과 인식』, 한국학술정보, 2006.

박가은, 「관계마케팅에 의한 예술경영 활성화 방안」, 숙명여자대학교대학원 석사학위논문, 2003.

박문식, 「비영리 공연예술조직의 전략경영 도입과 적용을 위한 방안 연구」, 성균관대학교대학원 석사학위논문, 2005.

박지은, 「충청지역 시립합창단의 정기연주 Repertory 분석연구」, 충남대학교 교육대학원 석사학위논문, 2002.

박창용, 「강원도 시립합창단의 운영 실태와 개선방안」, 관동대학교대학원 석사학위논문, 1995.

박현아, 「전라북도 내 시립합창단의 운영 실태와 개선방안」, 전북대학교대학원 석사학위논문, 2001.

송영호, 「울산시립합창단의 운영 실태에 관한 연구」, 영남대학교대학원 석사학위논문, 1996.

송예진, 「국공립합창단 운영현황과 활성화방안 연구」, 단국대학교 산업경영대학원 석사학위논문, 2003.

윤정미, 「한국 전문합창단의 1998~2000년도 repertory 분석 연구」, 계명대학교대학원 석사학위논문, 2001.

이광석, 「한국 합창음악의 변천과 발전과정 연구」, 한양대학교대학원 석사학위논문, 1992.

이기중, 「한국 직업 합창단의 운영실태에 관한 조사 연구」, 연세대학교 교육대학원 석사학위논문, 1983.

이보아 외 역(Bonita M. Kolb 저), 『문화예술기관의 마케팅』, 김영사, 2004.

이유진, 「국공립합창단의 운영 및 개선방안에 관한 연구」, 중앙대학교 예술대학원 석사학위논문, 2003.

이은옥, 『예술경영, 어떻게 할 것인가』, 민음사, 1997.

전상철, 「한국시립합창단 운영조직 현황 및 개선방안 연구」, 경성대학교대학원 석사학위논문, 2004.

정광호, 「외부의 재정지원이 조직운영에 미치는 영향」, 『한국행정학보』, 한국행정학회, 2004, 제38권 제4호.

정훈상 역(Alrin H. Reiss 저), 『성공적인 예술경영』, 세종출판사, 1997.

최원철·한정문, 「기업의 예술지원활동과 마케팅전략에 관한 연구」, 『산경논총』, 전주대학교 산업경영연구소, 2000, Vol. 19 No. 1.

하계훈, 『문화예술경영 이론과 실제』, 생각의나무, 2002.

한국문화경제학회, 『문화경제학 만나기』, 김영사, 2000.

허종호, 「포항시립합창단의 연혁 및 개선방향에 관한 연구」, 영남대학교대학원 석사학위논문, 1994.

홍승찬, 『예술경영입문』, 민음사, 1995.

황영선, 「예술경영 측면에서 본 음악공연기획의 현황 및 효율적 운영 방안에 관한 연구」, 건국대학교대학원 석사학위논문, 2005.

4. 문화콘텐츠 성장 기반

(1) 문화콘텐츠 생산자 육성을 위한 청소년 교육

김세훈, 『문화예술교육중장기발전방향』, 한국문화관광정책연구원, 2004.
유혜경, 『예술교육』, 학연사, 2002.
이용권, 『예술교육』, 한국문화예술진흥원, 1988.
임은모, 『문화콘텐츠 비즈니스론』, 진한엠앤비, 2001.
정갑영, 『초등생 문화예술교육 프로그램 개발』, 한국문화정책개발원, 2000.
한국문화경제학회, 『문화경제학 만나기』, 김영사, 2001.
구병억, 「현대사회에 있어서의 예술교육의 역할에 관한 연구」, 중앙대학교 산업경영대학원, 2004.
박사라, 「방과 후 프로그램이 한 부모가정 아동에 미치는 영향 연구」, 한림대학교 사회복지대학원, 2000.
문화 관광부, www.mct.go.kr
한국 문화 콘텐츠 진흥원, www.kocca.or.kr
전국 문화원 연합회, www.kccf.or.kr
한국 문화 센터 연합회, www.hanc.co.kr
서울특별시 교육청, www.sen.go.kr
서울특별시 서부교육청, www.sens.go.kr
서울특별시 동작 교육청, www.djedu.go.kr
서울특별시 강남 교육청, www.knen.go.kr
서울 고산 초등학교, www.kohsan.es.kr
서울 덕산 중학교, www.duksan.ms.kr
서울 영원 중학교, www.youngwon.ms.kr
서울 예일 중학교, www.yale.ms.kr
서울 경기 여자 고등학교, www.kgg.hs.kr
서울 경복 고등학교, www.kyungbok.hs.kr

서울 당곡 고등학교, http://danggok.hs.kr
대전 장대 청소년 문화의 집, www.youthjjang.or.kr
서울 중구 청소년 수련관, www.j-youth.org
대전 평송 청소년 수련관, www.pyoungsong.or.kr
서울 시립 청소년 직업체험 센터, www.haja.net
대전 세이 백화점, www.saydept.com
대전 타임월드 백화점, www.timeworld.co.kr

(2) 수동적 수용자에서 적극적 수용자로

김주호·용호성,『예술경영』, 김영사, 2002.
전성환,『공연기획』, 예영커뮤니케이션, 2003.
이은옥·용호성,『예술경영 어떻게 할 것인가』, 민음사, 1997.
인문콘텐츠학회,『문화콘텐츠 입문』, 북 코리아, 2006. 8.
류준호,「브랜드 마케팅 기법을 활용한 전략적 도시 브랜드 개발 사례 연구」, 한국 디자인 포럼, 통1호, 2005.
이정미,「연주회 프로그램 분석을 통한 청주시립교향악단 활성화 발전방안연구」, 호서대학교대학원 석사학위논문, 2005.
최성자,「국·공립 공연장의 성공적인 운영사례연구」, 호서대학교대학원 석사학위논문, 2004.
(사)한국음악협회 천안시지부,『천안음협 15년사』, 1999.
(사)한국음악협회 충청남도지회,『충남음악 50년사』, 2002.
천안향토사연구소,『향토연구』, 제15집, 2004. p195.
한국예술문화단체총연합회 천안지부,『천안예술』, 제19호, 2005.
충남예술고등학교,『예혼』, 제3호, 2006. p22.
천안문화원,『21세기 천안문화』, 2000. 여름호.
한국문화예술진흥원,『문화예술』, 2002. 10월호.

한국예총충남연합회, 『충남예술』, 2005. 겨울호.
한국문화예술위원회, 『문화예술』, 2006. 5월호.
(주)음연, 『피아노음악』, 2006. 5월호, 6월호.
천안신문, 「강혜정 칼럼」, 2005. 10. 12. 23면.
시사음악신문, 「도심 속 문화의 휴식처로 거듭난다」, 2006. 3. 8, 16면.
천안신문, 「이정우 칼럼」, 2006. 3. 13, 23면.
음악교육신문, 「프로젝트 지원제 도입」, 2006.4.
음악교육신문, 「단체탐방」, 2006. 4. 5, 22면.
천안신문, 「예향 전하는 천안 예술인」, 2006. 3. 27, 4. 3, 4. 17, 5. 29. 20면.
음악교육신문, 「포커스」, 「국악공연 전문홀 탐방」, 2006. 4. 19, 2면, 18면.
천안신문, 「문화예술 활성화정책 필요하다」, 2006. 5. 15, 2면.
천안신문, 「문화 행정정책 변화를 꾀하다」, 2006. 6. 5, 3면.
천안시립예술단, www.cheonan-art.or.kr
충남교육청학생회관, www.cnsh.or.kr

(3) 문화콘텐츠와 마케팅의 만남

하워드 슐츠, 『스타벅스 커피 한 잔에 담긴 성공신화』, 김영사, 2005.
레슬리 여키스 외, 『잭아저씨네 작은 커피집』, 김영사, 2003.
스튜어트 리 앨런, 『커피견문록』, 이마고, 2005.
사카이나오키, 『감성마케팅 잠든 시간을 깨운다』, 정보공학연구소, 2003.
와다코우지(장상문 외), 『커피학』, 광문각, 2006.
권장하, 『커피문화의 발자취』, 미스터커피출판부, 2005.
김민주 외, 『컬덕시대의 문화마케팅』, 미래의 창, 2005.
김성윤, 『커피이야기』, 살림, 2004.
김영환 외, 『스타벅스 감성마케팅』, 넥서스, 2003.

김우정, 『문화마케팅』, 바람, 2006.

김준, 『커피』, 김영사, 2004.

라도삼, 박종구, 『문화향수 촉진을 위한 문화마케팅 프로그램 개발』, 서울시정개발연구원. 2005.

맹명관, 『스타벅스 100호점의 숨겨진 비밀』, 비전코리아, 2005.

이동진, 『비미남경이야기(꿈을 볶는 커피집)』, 영진COM, 2004.

이우정, 『위대한 기업의 선택 문화마케팅』, 바람, 2006

이일한, 『커피점으로 돈벌기』, 세기, 1997.

이재후 외, 『커피하우스 창업하기』, 예신, 2004.

최용호 외, 『광고, 커뮤니케이션, 문화마케팅』, 인간사랑, 2005.

한승환, 『커피 좋아하세요?』, 자유지성사, 1999.

5. 문화콘텐츠와 도시 이미지

문화관광부, 『문화예술의 거리 계획과 실체』, 문화관광편집부, 1996.

이무용, 『서울형 축제 발전 및 체계적 지원 방안 연구』, 서울시정개발연구원, 2005.

박진규·정철상, 『지역문화와 축제』, 글누림, 2006.

황기원, 『책 같은 도시 도시 같은 책』, 열화당, 1995.

구문모, 「해외문화산업 클러스터의 발달배경」, 산업연구원, 2001.

김경호·오상훈, 「제주시 관광문화거리 조성과 활용방안」, 제주관광학회, 2002.

김순규 외, 「문화예술거리의 조성과 육성방향」, 『문화예술』, 한국문화예술진흥원, 1997.

김혜란, 「서울 인사동지역 우세점포용도의 변화 해석」, 서울시립대학교대학원, 박사학위논문, 1999.

박소영, 「직지의 거리가 몇 개?」, 『충청리뷰』, 2005.

서은숙, 「인사동 문화가로 활성화 방안에 관한 연구」, 건국대학교대학원 석사학위논문, 1998.

신정훈, 「문화예술의 거리 조성방안에 관한 연구」, 광주대학교대학원 석사학위 논문, 2001.

유영대 외, 「지역축제의 현황분석」, 문화체육부, 1996.

윤태범, 「경기도 문화의 거리 조성의 바람직한 방향」, 『경기21세기』 11, 12월호, 경기개발연구원, 1997.

이명숙, 「지방자치단체 도시마케팅 성과 영향요인에 관한 연구」, 영남대학교 대학원 박사학위논문, 2005.

제주관광연구, 「역사문화거리의 계획방법 및 조성방안에 관한 연구」 제주시, 1998.

청주시, 「2000년 청주 도시계획 재정비」, 청주시, 2001.

황재훈, 류경무, 「직지문화거리 조성을 위한 설계전략」, 충북대학교 건설기술연구소 논문집, 2002.

황재훈, 황희연, 「직지문화의 거리 어떻게 조성해야 하는가?」, 제2회 직지문화포럼, 2002.

Griffiths, R., 'Cultural strategies and new models of urban intervention', Cities Vol.12(No.4.), 1995.

무주군청 www.muju.org

삼성경제연구원 www.seri.org

보령시청 www.boryeong.chungnam.kr

함평군청 www.hampyeong.jeonnam.kr